셀프 스캔 심리상담

자·성·상·담
Self Scan Counseling

방기연 지음

학지사

들어가는 글

대학 신입생 시절의 일이다. 고등학교 선배가 '노동자, 농민'을 운운하는 소리를 듣고 '저 선배는 혹시 간첩이 아닐까?' 하는 생각이 들면서 덜컥 겁이 났다. 그 선배가 권했던 동아리는 사회과학을 공부하는 학회였다. 그런데 망설이는 내게 다른 선배가 물었다.

"너는 네가 살고 있는 이 사회에 대해서 얼마나 알고 있니?"

생각해 본 적 없는 질문이었다. 하지만 더 이상한 것은 그 질문을 받기 전까지 나는 내 주위의 환경에 관심을 가질 생각조차 하지 않았다는 사실이었다. 부끄러운 마음이 들어서 공부를 시작했다. 나와 내 주변에 관심을 가지고 현실을 공부하기 시작한 것이다.

얼마 지나지 않아서 우리 사회의 모습이 보이기 시작했다. 내가 존경하던 사람이 사실은 독재자였고, 나는 우리 사회에 대해서 아무것도 모르고 있던 '우물 안 개구리'일 뿐이라는 사실을 알게 되었다. 그때 결심했다. '다시는 속고 살지 않으리.'

그 후 30여 년이 훌쩍 지나갔다. 많은 일이 있었지만, 나는 대학교 1학년 때 결심한 대로 '속지 않으려' 애썼다. 그런데 참으로 놀라운 것은 '속지 않고 산다는 것'이 정말 어렵다는 사실이었다. 사람의 행복에 관심을 기울이면서 많은 사람이 행복하지 않은 삶을 살고 있음을 알게 되었고, 그 원인을 찾으면서 모든 불행의 원인에 '속고 있음'이 포함되어 있다는 사실을 발견했다.

이해관계에 얽혀서 속고 속이는 일이 자주 벌어지지만, 그것보다도 더 치명적인 것은 '자기 자신에게 속는 일'이다. 부족한 정보에 근거한 잘못된 판단, 욕심에 눈이 멀어 양심을 속이는 것, 세뇌된 대로 생각하고 행동하면서도 전혀 모르고 있는 무지. 이렇게 '속(이)는 일'이 개인과 사회를 혼란에 빠뜨리고 불행한 사태를 만들어낸다.

상담이라는 일을 하면서 많은 시행착오를 겪었지만 '확실한 행복의 길'을 찾으려 부단히 애썼다. 서구의 상담심리학만으로는 부족해서 동양의 마음공부에도 관심을 기울였고, 상담 현장에서 다양한 내담자를 만나면서 '진정으로 내담자의 행복에 도움이 되는 상담'을 하려고 집중했다. 이 과정에서 명백하게 드러난 것은 '속(이)지 않아야 한다.'는 사실이었다.

나처럼 사람의 마음에 관심을 가지고 파고드는 사람뿐 아니라, 일반적인 상식을 가지고 살아가는 사람들도 어렵지 않게 진실을 발견하고 스스로 행복을 가꿀 수 있는 길을 찾고 싶었다. 그래서 발견해 낸 길이 셀프스캔 심리상담(자성상담)이다.

돌이켜 보면 '속지 않겠다.' 하고 결심했던 순간부터 자성상담의 씨앗이 자라고 있었는지도 모른다. 가장 소중한 나 자신을 알고, 자신이 자기 마음의 주인이 되어 후회 없는 인생을 살고자 하는 것은 모든 사람의 권리다. 그런데 잘못된 관점이나 생각 때문에 속고 속이는 혼돈의 삶이 펼쳐진다.

이 책은 막연하고 혼란스러운 인생길에서 뚜렷한 자신의 길을 찾아 가려는 희망과 방법을 담고 있다. 많은 사람이 자기를 찾고 삶의 주인이 되어 행복하고 당당하게 살아가기를 바라는 마음으로 이 책을 세상에 내어 놓는다.

2016년 여름을 바라며

차 례

제1부

셀프스캔
심리상담
(자성상담)
이   론

'셀프스캔'은 자기를 성찰해서 자기의 성품을 발견하는 활동이다.
'심리상담'은 상담자와 내담자가 쌍방 대화를 통해서
목적을 이루려는 활동이다.
'셀프스캔 심리상담'은 안과 밖을 통합하는 치유–성장 활동이다.

소아
(self) → 셀프스캔 (안) + 심리상담 (밖) → 대아
(Self)

01 심리상담이란 무엇인가

'심리상담(Counseling)'은 혼자서 해결하기 어려운 삶의 문제를 전문가의 도움을 받아 풀어가는 과정이다. 이때 상담을 하러 온 사람을 '내담자(Client)'라 하고 상담에 응하는 전문가를 '상담자(Counselor)'라 하며, 둘 사이에 상담이 이루어지기 위해서 '상담관계'라는 특별한 관계가 생긴다.

1. 내담자

내담자는 '도움을 받으러 온 사람'을 말한다. 보통 내담자는 자신에게 닥친 일상 문제에 당황해서 불안해하다가 막연한 두려움을 가지고 상담자를 찾는다. 그래서 평소보다 더 예민하고 일시적인 의존성을 보이곤 한다. 도움을 청하면서도 적절한 도움을 받을 수 있을지 확신하지 못하며, 경계심을 보이고 방어적으로 반응하기 쉽다.

초보 상담자는 상담 초기에 보이는 이러한 내담자의 모습을 마치 내담자가 원래부터 갖고 있던 속성인 것처럼 생각해서 적절히 대응하지 못하는 경우가 많다. 하지만 숙련된 상담자는 첫 면접에서부터 내담자를 안심시키고 적절한 도움을 주기 위해 필요한 개방적인 분위기를 만들 줄 안다. 상담자의 적절한 대응에 따라 내담자는 필요한 도움을 받을 수 있겠다는 믿음과 희망을 갖게 된다.

1) 내담자가 상담에 가지는 기대

상담을 받아 본 경험이 없던 내담자가 상담을 받으면서 가지는 기대는 비현실적이거나 합리성이 없는 경우가 많다. 이런 기대는 상담에 방해되는 것이기에 상담자는 일찌감치 내담자의 기대를 파악해서 알맞게 조정하여야 한다.

가장 흔히 보이는 지나친 기대는 마치 의사가 진단을 하고 권위 있는 처방을 주는 것처럼, 상담자가 자신의 문제를 파악해서 결정적인 답을 찾아 지시해 주리라 바라는 것이다. 내담자가 이런 기대를 하고 있으면 상담 과정에서 내담자가 자신의 문제를 발견하고 해결하려는 노력을 기꺼이 하기 어렵다. 수동적으로 임하면서 자기 책임을 자각하지 못하기 때문에, 자기 변화를 위해서 많은 공을 들여야 하는 상담이 제대로 진행되기 어렵다.

이와는 반대로 어떤 내담자는 상담자의 전문성이나 권위를 전혀 인정하지 않고 그냥 필요한 정보를 얻고자 한다. '내 인생은 내가 알아서 하고, 상담자 당신은 그저 내가 원하는 필요한 정보를 주면 되는 거야.' 하는 식의 태도를 가지고 상담 과정에서 독선적이거나 일방적인 태도를 가진다. 이런 경우에는 상담이 피상적으로 흐르기 쉽다.

그 밖에도 상담이 마술처럼 한 방에 모든 것을 바꿔 줄 것이라는 환상을 가지기도 하는데, 이런 경우에는 문제 해결을 위한 구체적인 노력은 하지 않고 상담자를 구경하듯 다니는 일이 생길 수도 있다. 결국 내담자는 좌절과 절망감에 빠지고 만다.

어떤 내담자는 상담을 자신의 답답한 속을 풀려고 하소연하는 한풀이 시간으로 여기기도 한다. 그래서 상담자의 말을 들으려 하지 않고 그냥 자기 이야기만 할 뿐이다. 결국 문제는 해결되지 않고 수다만 떨고 마는 꼴이다. 이런 내담자는 사실 자신의 문제를 직면하고 해결하는 데 두려움을 갖고 있을 수도 있다.

마지막으로 상담자가 자신의 편을 들어주리라 생각하면서 응석을 부리는 내담자도 있다. 이런 내담자는 자신의 지나친 인정 욕구를 자각하지 못하고, 미성숙한 태도를 돌아보려 하지 않는다. 심지어 상담자의 직면에 실망하고 분노하며, 일방적으로 상담을 끝내버리기도 한다.

2) 내담자의 기대를 다루는 방법

상담은 상담자가 일방적으로 지시하고 안내하거나 내담자 마음대로 휘저어도 되는 그런 활동이 아니다. '도움을 필요로 하는 내담자'와 '준비가 되어 있는 상담자'가 서로 **쌍방으로 소통**하면서 함께 협력해서 문제를 풀고 성장하기 위해 애쓰는 과정이다. 따라서 내담자도 상담에 도움이 되는 태도와 기대, 그리고 행동이 어떤 것인지 알아서 상담이 생산적인 활동이 될 수 있도록 노력해야 한다.

물론 상담을 배우거나 공부하지 않은 내담자에게 처음부터 상담에 적절한 기대나 태도를 요구하는 것은 비현실적이다. 내담자에게 상담에 대해서 알려 주고 어떤 기대와 태도를 가지는 것이 필요한지 제대로 안내해 주는 것은 상담자의 몫이다. 상담자는 '상담에서 다룰 내용'과 '내담자가 어떤 방식으로 이야기를 하고 어느 정도의 책임을 지는지', 또한 '내담자의 권리'에 대해서 충분한 안내를 해야 한다. 내담자는 상담자의 안내에 따라서 자신의 문제를 풀어 가기에 적절한 기대와 태도를 선택하면 된다.

생산적인 상담이 되기 위해 필요한 내담자의 기대나 태도, 행동은 과연 어떤 것일까? '진정으로 문제를 해결하겠다는 의지' '자신의 심정을 있는 그대로 상담자에게 알리고 상담자의 의견을 들어보는 **열린 마음**' '상담자와 상담 활동이 자신에게 도움이 될 것이라는 믿음' '가식적으로 포장하거나 변명을 하지 않고 솔직하게 상담에 임하는 **자기 책임성**' 같은 것들이 필요하다.

비록 상담을 잘 알지 못해서 비현실적이고 합리성이 없는 기대를 가지고 있었다 하더라도 막상 상담을 하면서 더 유용하고 바람직스러운 태도로 고쳐 가면서 성실하고 꾸준하게 상담을 한다면 상담이 제대로 될 것이다.

2. 상담자

상담자는 '내담자를 도울 준비가 되어 있는 전문가'다. 전문가란 그 분야에 능통해서 보통 이상의 안목과 능력을 가지고 그 일을 해 가는 사람이다. 상담자가 갖추어야 할 자질은 전문성과 인간성의 두 가지 측면으로 나누어 볼 수 있다.

1) 전문성

상담자가 갖춘 전문성은 '생산적인 상담관계를 맺고' '내담자의 문제를 상식적인 수준보다 더 깊이 이해하며' '적절한 대처 방법을 찾아 제시해서 실제로 내담자가 문제를 해결할 수 있도록 이끄는 데' 쓰인다. '개방적인 대화를 주도할 수 있는 **소통능력**' '심리를 깊이 이해하는 **분석력**' '목표를 설정하고 그에 맞는 방법을 찾아 분명하게 제시할 수 있는 **통찰력**' '상황과 형편에 맞게 속도와 강도를 조절할 줄 아는 직관적인 **통합 능력**' '상담 과정에 충실하면서도 과정 전체를 조망하는 거시적인 안목을 갖춘 **초월적 시각**'……. 이런 것들이 상담자가 갖추어야 할 전문성이라고 하겠다.

2) 인간성

그런데 아무리 전문성을 잘 갖추고 있다 하더라도 상담은 사람과 사람이 만나 속을 나누는 작업이기에 인간적인 측면이 아주 중요한 역할을 할 수밖에 없다. '세상과 인간에 대한 따뜻한 애정' '진리와 진실을 적극 추구하는 진실성' '치우치지 않는 공정성' '자신이 모르는 것에 대한 솔직한 인정과 알고자 애쓰는 겸허한 노력' '자신의 장단점을 잘 파악해서 무리하거나 쉽게 포기하지 않는 성실성과 책임성' '애매하고 힘든 과정을 있는 그대로 받아들이는 수용성' '타인을 소유하거나 지배하려 들지 않으면서도 정성을 다하는 비소유적 온정'. 바로 이런 것들이 상담자가 갖추면 좋은 바람직한 인간적인 자질이라고 하겠다.

3) 상담자의 자질을 갖추려면

내담자 입장에서 보면 상담자의 인간적인 자질이 내담자를 안심시키고 마음을 열고 싶게 만든다. 또 상담자의 전문성이 내담자의 문제를 해결하고 인간적으로 성장하는 데 결정적인 역할을 한다. '이 사람과 이야기를 나누고 싶고, 이 사람과 하는 상담이 분명히 나에게 도움이 된다.'는 느낌을 내담자가 가질 필요가 있는데, 전자는 인간성이, 후자는 전문성이 담당한다고 볼 수 있다.

앞에서 말한 상담자의 자질을 다 갖추는 것이 과연 쉬운 일일까? 언뜻 보기에는 신이 아닌 인간의 수준에서는 거의 불가능해 보일 수도 있다. 물론 당연히 쉽지 않은 일이다. 그래서 어떤 사람들은 이런 말을 듣고는 바로 상담자가 되려는 포부를 접어 버리기도 한다. 그런데 이런 태도에는 문제가 있다.

바람직한 지향점이라고 하는 것은 분명히 지금 현재 내가 딛고 있는 땅이 아니라 앞으로 가야 할 방향일 뿐이다. '천 리 길도 한 걸음부터'라는 말은 무엇을 의미하는가? 아무리 먼 길이라 하더라도 결국 시작하는 것은 한 걸음일 수밖에 없다는 것이다. 멀다고 해서 바로 포기해 버리는 것은 일확천금을 바라는 허영심일 뿐이다. 또 한 가지 짚어야 할 부분이 있는데, 사실 이 점이 더 중요하다.

우리가 마음에 어떤 희망을 품었을 때에는 그 희망을 이루려는 목표가 생긴다. 그리고 목표를 이루기 위한 방법을 찾게 되고, 그 방법을 꾸준히 실천해서 목표에 도달하게 되는 것이다. 목표를 이루는 것이 결과라 한다면, 목표를 이루기 위한 수단으로서 방법을 실천하는 것은 과정이 된다. 그런데 쉽사리 포기하는 사람은 과정의 중요성을 모르고 결과에만 집착하는 잘못을 범한다.

상담자로서 상담을 제대로 하기 위해 필요한 준비를 갖추는 것, 곧 인간적이고 전문적인 자질을 갖추는 것을 이루어야 할 목표라 하자. 이때 그 목표를 이루기 위해서 심리학도 공부하고 다양한 사람을 만나면서 소통도 해 보고 필요하다면 자격시험 같은 것도 치르면서 준비를 해 가는 것이 수단이 된다. 그렇다면 목표를 이루어야 기쁘고 그 전까지는 힘들고 괴로운 시간이 계속되는 것일까?

이렇게 살펴보면 이루기 힘든 일이라고 지레 겁을 먹고 포기하는 것이 얼마나 어리석은 일인지 알 수 있다. 마치 등산을 하는데 정상에 오르는 것만 기쁨으로 삼는 것과 같다. 등산을 계획하고 산을 오르고 땀 흘리고 바람도 맞으면서 산행 자체를 즐기는 것이 등산을 제대로 즐기는 현명한 태도가 아닐까? 완전한 상담자보다는 더 좋은 상담자가 되고자 애쓰는 그 과정이 더 중요하다.

앞에서 말한 이상적이고 바람직한 상담자의 자질은 일종의 지향점일 뿐이다. 현재 자기 자신의 위치를 확인하고 더 성장하기 위한 방향을 잡아나가는 데 필요한 표식이라는 말이다. '완전무결한 상담자'가 되려고 하기보다 '능력껏 최선을 다하는 진실한 상담자'가 되려고 애쓰는 것이 더 현실적이고 유용하다.

아무튼 상담자는 필요한 자질을 갖추고 상담 과정 전체를 조율하면서 상담을 이끌어 간다. 상담자 자신의 가치관과 인생 태도 그리고 갖춘 능력 이상으로 상담을 하기는 어려울 것이다. 하지만 내담자에 대한 순수한 열정과 관심을 가지고 최선을 다한다면, 자신도 성장하고 내담자의 치유와 성장을 돕는 기쁨을 내담자와 공유하면서 상담자로서 보람과 만족을 얻을 수 있을 것이다.

3. 상담관계

상담관계는 특별한 관계다. 가족처럼 혈연으로 맺어진 1차 관계도 아니고, 어떤 조직의 일원이 되는 것처럼 이해관계를 바탕으로 맺어진 2차 관계도 아닌 묘한 관계다. 내담자가 가지고 온 문제를 해결하면서 내담자의 치유와 성장을 목적으로 가족보다 더 끈끈하고 강력한 의존관계를 맺지만, 목표를 이루고 나면 남남이 되는 '일시적이고 제한된 의존관계'다.

내담자는 상담자에게 상담비를 내고 자신의 이야기를 하면서 도움을 받는다. 상담자는 상담비를 받는 대신 자신의 시간을 내어서 내담자의 이야기를 들어주고 어려움을 함께 헤쳐 가면서 자신의 공부와 체험을 쏟아부어 내담자를 돕는다. 하나의 계약 관계인 셈이다.

상담이 이루어지고 있는 기간에 상담자와 내담자는 깊은 비밀까지 공유하는 가장 친밀한 사이가 되기도 하지만, 상담을 마치고 나면 서로 각자의 삶을 살게 된다.

그렇다면 상담관계의 특징은 무엇일까? 사람마다 다 중요하게 여기는 부분은 다를 수 있지만, 그래도 보편적이고 핵심적인 요인을 짚어서 말하자면 상담관계는 '치유와 성장을 위한 **동맹관계**'라고 할 수 있다. 내담자의 치유와 성장을 목적으로 상담자와 내담자가 강력한 동맹을 맺게 되는 것이 상담관계의 특징이다.

어떤 상담을 하든 상담자와 내담자가 동맹을 맺어야 상담이 진행될 수 있다. 상담관계에서 맺는 동맹에는 세 가지에 대한 합의가 포함되어 있다.

1) 목표 합의

첫째, 목표에 대한 합의다. 문제를 해결하기 위해서 상담 목표를 설정한다. 이때 상담자나 내담자가 어느 한편에서 일방적으로 목표를 정하는 것은 바람직하지 못하다. 내담자가 일방적으로 정한다면 현실성이나 합리성이 떨어져서 실현가능성이 희박한 목표를 정할 우려가 있고, 상담자가 일방적으로 정한다면 내담자의 자발적이고 적극적인 노력을 기대하기 어렵다. 그래서 목표를 정할 때 상담자와 내담자가 서로의 시각과 입장을 충분히 나누고 합의하여 정하는 것이 가장 바람직하다.

2) 방법 합의

둘째, 방법에 대한 합의다. 목표를 이루기 위해서 어떤 방법을 쓸 것인가에 대해 합의해야 한다. 만약 상담자가 일방적으로 지시하거나 안내하게 되면 내담자는 스스로 문제를 해결하고 자립해서 자신의 삶을 사는 태도를 갖기 어렵게 된다. 상담관계가 한시적이고 제한

적이라는 점을 고려해 볼 때, 방법을 합의하고 함께 정해서 실천하도록 하는 것이 현명하고 현실적인 길이다. 또한 합의한 방법은 내담자가 능동적으로 노력하고 결과에 책임을 지는 태도를 갖는 데에도 도움이 된다.

3) 유대감

셋째, 유대감이다. 사람은 마음에 드는 사람에게 말을 하고 싶어진다. 내담자가 상담자에게 유대감을 갖지 못하면 상담을 하면서 계속 조심스럽거나 껄끄러운 심정을 가질 수 있다. 서로 긴장을 풀고 호감을 공유하면서 진행할 때 상담 과정이 훨씬 순조롭고 깊이 있게 진척될 수 있다. 상담 용어로는 라포(rapport)라고 하는데 이는 친밀감과 호감 그리고 신뢰감이 결합되어 있는 느낌이다. 이런 느낌을 갖게 되면 응원을 받으면 더 힘이 나는 것처럼 자기를 개방하거나 힘든 감정을 직면하는 데 큰 힘이 된다.

상담관계는 헤어짐을 전제로 하면서도 강한 결속력을 갖는 특별한 관계다. 상담을 하는 기간에 상담자는 내담자의 고민과 심정을 공감하면서 마치 자신이 그 문제를 안고 있는 것처럼 느끼기도 한다. 강력한 동맹을 맺고 있기 때문에 남의 일이 아닌 것으로 여겨지기 때문이다. 하지만 이와 동시에 상담자는 '어떻게 방향을 잡아야 할지' '어느 정도 과정이 진척되었는지' '앞으로 어떤 것이 필요할지' 등을 살피며 진행 과정을 안내해야 한다.

상담 초반부에 강한 동맹관계가 형성되면 상담 성과도 좋을 확률이 높아진다. 적어도 3회기나 4회기가 진행되었을 때에는 기본적인 동맹관계가 맺어져야 생산적이고 효과적인 상담이 이루어질 수 있다. 그 시기를 놓쳐 버리면 피상적인 상담이 되거나 목표를 달성하지 못한 채로 상담이 중단되기 쉽다.

4. 상담이론과 이론의 쓰임새

상담은 어떤 원리로 진행이 되는 것일까? 사람의 심리를 어떻게 보느냐에 따라 이해하고 해석하고 처방을 내리는 방식이 달라진다. 당연히 상담에도 여러 가지 이론이 있다. 어찌 보면 상담자마다 나름의 이론을 가지고 있다고도 할 수 있는데, 다양한 이론을 크게 다섯 가지 흐름으로 묶어 볼 수 있다. 이 글에서는 그 이론들을 자세히 다루기보다는 전체적인 특징을 정리하고 그 쓰임새를 나름대로 엮어 보려 한다.

1) 다섯 가지 상담이론의 특징

인간을 이해하려는 심리학의 노력에 힘입어 심리상담도 많은 변화와 발전을 해 왔다. 그 흐름을 크게 정신분석, 행동수정, 인지상담, 인간중심, 자아초월 상담의 다섯 가지로 정리할 수 있다.

정신분석은 사람도 생물학적인 충동과 같은 본능의 영향을 받으며, 자신도 모르는 사이에 잠재의식이 형성되고 잠재의식의 영향 속에서 살아간다고 보는 흐름이다. 자유의지로 선택하고 결정하는 것 같지만 실제로는 어릴 적부터 형성된 잠재의식이 취향이나 선호, 세상을 보는 방식, 행동방식을 대부분 결정한다고 본다. 그래서 '내 마음 나도 모르게' 생각하고 행동하기 때문에 의식의 역할은 아주 미미한 것으로 여긴다.

이와 반대로 **행동수정**은 사람의 속을 파헤치기보다 겉으로 드러나는 행동에 초점을 맞춘다. 사람에게 가해지는 자극에 그가 어떤 반응을 보이는지 관찰하고, 그 패턴을 분석해서 행동을 바람직하게 고치는 계획을 짜고 실행에 옮기는 방식으로 접근한다. 사람들의 행동은 학습 원리에 따라서 형성되고 변화되기 때문에 구체적으로 눈에 보이는 행동을 대상으로 그 행동을 더 적게 하거나 많이 하는 데 관심을 가진다. 자동화된 습관 행동을 학습 원리로 다루며 잠재의식 같은 것은 뜬구름 잡는 소리로 치부해 버린다.

인지상담은 자극을 받아들이고 해석하는 방식에 초점을 맞춘다. '생각이 감정과 행동을 이끈다.'는 입장으로, 사람이 가지고 있는 내면의 생각에 주의를 기울인다. 합리적이고 현실적인 생각을 하면 현실에 적응하고 순조로운 일상을 살 수 있지만, 비합리적이거나 현실성이 떨어지는 생각에 사로잡히면 정서와 행동에 문제가 생긴다고 본다. 그래서 자기도 모르게 자동적으로 형성된 한 생각(속 말)을 밝히고 이를 교정하는 방식으로 문제를 해결하고자 한다.

앞에 언급한 세 가지는 다 문제에 초점을 맞추고 문제를 해결하려 한다는 점에서 공통점을 보인다. 그런데 **인간중심 상담**은 다르다. '문제나 증상이 아니라 사람을 본다.'는 입장이다. 인간은 본래 참다운 자신으로 살 능력과 의지를 갖고 있는데, 이런저런 이유로 억눌리고 뒤틀려서 괴로움을 겪기 때문에, 걸림돌만 치우면 본래 가지고 있는 긍정성과 건강함을 회복할 수 있다고 본다. 그래서 내담자를 한 인간으로 존중하면서 진지하고 솔직하게 수용하고 공감하는 개방적인 분위기를 만들어서 본래의 참 자기를 실현할 수 있도록 돕는 데 주력한다.

자아초월 상담은 인간중심 상담의 목표인 '자기실현'보다 한 걸음 더 나아가 '자아초월'을 다룬다. 모든 존재는 '그 존재를 이루고 있는 여러 요소의 종합이면서 동시에 더 큰 범주의 일부분(홀론, Holon)'이라는 관점으로 개별적이고 독립적인 자아를 넘어서서 본다. 전체 맥락 속에서 한 개인을 보기 때문에 자아라는 테두리를 초월하는 입장을 갖는다. 어떤 개인이 가진 문제는 그 자신의 고유한 문제가 아니라 그를 둘러싸고 있는 환경과 그가 가지고 있는 내적인 요소들의 합작품이기 때문에 개별적인 자아만 파고들어서는 문제를 제대로 파악할 수 없다고 본다.

앞에 말한 다섯 가지 흐름은 **관심 대상과 목표, 핵심 실마리**로 삼는 것들이 서로 다르다. 이들은 각자 나름의 장점으로 심리상담 분야에 기여한 부분도 있지만 동시에 나름의 한계도 가지고 있다. 이를 정리하면 다음의 표와 같다. 이 글에서는 상담이론을 전체적으로 조망해보는 것에서 그치고 더 자세한 언급은 하지 않을 것이다. 다만 이론들의 장점을 잘 조합하면 심리상담에 아주 유용한 접근방법을 찾을 수 있을 것이라는 정도로 소개를 마친다.

〈표 1-1〉 상담이론의 종류와 그 특징

	정신분석	행동주의	인지주의	인간중심	통합주의
대 상	잠재의식	드러난 행동	사고방식	자기실현	자아초월
목 표	무의식 탐구	학습 원리 규명	'속 말' 규명	참 자기 회복	통합적 시각
공 헌	인간 의식의 무한한 깊이 발견	구체적인 치료법과 원리 밝힘	생각, 감정, 행동의 연관성 밝힘	사람다움의 본질, 회복 방법 밝힘	존재의 본질과 연관 관계 밝힘
한 계	객관화 곤란, 구체성 부족	내면을 다 다루지 못함	감정, 행동 다룸에 미흡	구체적 방법 제시 미흡	일관성 확립 미흡
열 쇠	'무엇이 이런 생각, 행동, 느낌을 일으키는가?'	'어떻게 행동하고 있으며 왜 그렇게 되었는가?'	'감정과 행동을 일으키는 한 생각이 무엇인가?'	'나는 진정으로 원하는 삶을 살고 있는가?'	'스스로 나를 얽어매고 있지는 않은가?'

출처: 방기연(2013). **마음이 이끄는 삶의 조화**. p. 93.

2) 각 이론의 쓰임새

정신분석에 기반을 둔 분석 상담은 현대에 들어서 급격히 늘어나고 있는 '심인성 질환'을 이해하는 데 쓸모가 많다. 심인성 질환은 몸에 문제가 없는데도 나타나는 이상 증상을 말한다. 마음에서 비롯된 병이라는 뜻이다. 보통 '억하심정'이라 부르는 '억압된 잠재의식'이 이런 증상들을 일으키는 것으로 보면 된다. 분석을 통해서 억눌린 잠재의식을 알게 되면 증상이 사라지거나 약해지는 경우가 많다. 분석 상담은 심리를 깊이 이해하는 데 쓸모가 있다고 하겠다.

행동수정은 잘 고쳐지지 않는 중독 문제나 악습을 다루는 데 쓸모가 많다. 습관적인 행동이 어떻게 생기고 유지되고 변화되는지 밝히는 과정에서 원치 않는 행동을 버리고 원하는 행동을 익히는 길을 객관적으로 찾을 수 있다. 구체적인 행동 문제를 다루는 데는 행동수정의 원리와 치료법이 안성맞춤이다. 방법이 객관적이기 때문에 적절히 쓰이기만 하면 확실한 효과를 볼 수 있다는 장점도 있다.

인지상담은 잘못 굳어진 관념을 바꾸는 데 효과가 크다. 합리성이 없는 생각에 직면해서 이를 고침으로써 세상과 자신을 보는 관점이 변하고 현실에 제대로 적응하는 길을 찾게 된다. 특히 행동수정과 결합해서 적용되면 그 효과는 배가 된다. '지행일치'가 당당한 삶의 기본이 되는 것처럼, 인지행동요법은 그릇된 행동이나 관념을 고치는 데 가장 좋은 방법이다. 문제를 제대로 이해해서 적절한 행동계획으로 고치고 나면 문제를 더 확실하게 알게 되면서 행동과 인지가 서로 상승작용을 일으킬 수 있다.

인간중심 상담은 상담을 왜 하는지, 어디로 나아가야 하는지, 어떤 태도와 자세를 가지는 것이 좋은지 판단하는 데 도움이 된다. 가장 강력하면서도 근원적인 욕구인 자기실현욕구에 관심을 갖고서 **거짓 자기**(ideal self)가 아닌 **참 자기**(real self)에 눈뜨도록 격려하고 존중하고 공감하는 가운데 잃었던 자존감을 되찾고 자신이 진정으로 원하는 삶을 찾게 된다. 자신과 인생에 대한 근원적인 의문에 답을 얻는 데 좋다.

마지막으로 자아초월 상담은 자신의 입장을 떠나 전체적이고 통합적인 시각에서, 자기가 속한 사회에 적응하거나 반대로 사회를 변화·발전시키고자 하는 선택을 하는 데 도움이 된다. 이해관계나 혈연관계, 또는 여러 가지 잣대로 편을 가르며 차별을 하는 데서 개인적이거나 집단적인 문제가 생기곤 한다. 자신이 속한 조직의 이해관계를 넘어서서 더 큰 단위의 이익을 생각할 때 집단 이기주의나 지역주의 등의 오류를 해결할 수 있다. 가족공동체, 사회공동체, 국가공동체, 인류공동체, 나아가서 지구공동체의 일원으로 조화롭고 균형 잡힌 삶을 살아가는 데 자아초월적인 안목이 정말 필요하다고 하겠다.

예를 들어서 살펴보자. 처음 보는 사람들과 있으면 너무 어색하고 위축되는 것이 불편한 사람이 있다. 자신이 무엇인가 문제가 있다고 생각해서 상담실을 찾는다. 이때 상담자가 가진 이론적인 배경에 따라서 이 문제에 접근하는 방식이 다 다를 것이다.

- 분석상담: 내담자는 어떤 성장 배경을 가졌으며 양육자를 어떻게 지각했는가? 위축되는 느낌을 일으키는 억압된 감정은 무엇인가? 내담자가 가진 욕구와 두려움은 무엇인가?……

- 행동수정: 어색하고 위축감을 느끼는 상황의 특징은 무엇인가? 내담자는 그런 상황에서 구체적으로 어떻게 반응하는가? 내담자의 반응이 대인관계에 얼마나 효과적인가? 어떤 연습을 통해서 내담자가 원활하게 다른 사람들과 소통할 수 있을까?……

- 인지상담: 내담자는 처음 보는 사람들을 대할 때 그들을 어떻게

지각하는가? 내담자는 자기 자신을 어떤 사람으로 보고 있는 가? 내담자의 관점이 그런 상황에서 어떻게 작용하는가? 내담 자가 가지고 있는 대인관계에 관련된 생각이 얼마나 효과적인 가?…….

• **인간중심**: 어색하고 위축감을 느낄 때 내담자는 얼마나 당황스 럽고 불안했을까? 내담자의 진정한 욕구는 무엇인가? 내담자가 가지고 있는 대인관계 방식은 무엇인가? 어떻게 하면 내담자가 당황하지 않고 여유를 되찾을 수 있을까?…….

• **자아초월**: 새로운 사람을 만나는 자리에서 내담자는 자신의 역 할을 무엇이라 보고 있는가? 내담자의 위축감은 어떤 맥락에서 생기는가? 내담자가 생각하는 자신의 역할은 과연 그 상황에 얼마나 어울리는가? 내담자의 일상에서 대인관계는 얼마나 중 요한가?

분석상담으로 충동이나 욕구들을 깊이 이해하고, 행동수정으로 잘 못된 습관 행동을 고치고, 인지상담으로 내면을 이해하고 정리하면 서, 인간중심 상담으로 실감 나게 삶의 보람과 행복을 찾아가고, 초월 상담으로 삶의 의미와 지향점을 분명히 하면서 다른 존재들과 어울려 살아가는 기쁨을 찾는다면, 온전한 인생이라 할 수 있지 않을까!

02 셀프스캔(자기성찰)이란

셀프스캔이란 '자기가 자기를 살피는 작업'이다. 가장 알려진 용어로는 '명상 활동'이라 할 수 있는데, 명상이란 말이 너무 광범위한 개념이라 핵심이 되는 활동을 구체적으로 표현하고자 셀프스캔(자기성찰)이란 말을 쓴 것이다. '셀프(self, 자기)'와 '스캔(scan, 성찰)'에 대해 살펴보고 '셀프스캔'이 무엇인지 분명히 밝혀 보겠다.

1. 셀프: 자기

셀프(Self)란 말은 '자기(自己)'라 번역한다. 반면에 '자아(自我)'라는 말에 해당되는 말은 에고(ego)다. 자기와 자아라는 말은 서로 섞여 쓰이기도 하지만 여기서는 이 둘을 확실히 구분해서 쓸 것이다. 자신을 통째로 언급할 때 쓰는 말이 '자기'이고, 자신의 부분적인 요소를 말할 때 '자아'라는 말을 쓴다.

두 말을 굳이 이렇게 구분하는 이유가 있다. 자아를 자기와 동일시할 때 온갖 문제가 생기기 때문이다. 여러 가지 자아를 가지고 있어도 자아는 자기의 일부이기 때문에 자기 자신을 몇 가지 자아로 전부 규정할 수 없다. 많은 사람이 고민에 빠질 때 자신의 일부를 마치 전부인 양 착각하는 경우가 많다. 이럴 때 부분과 전체를 구분하는 것만으로도 고민을 해결하는 실마리를 찾을 수 있다.

그러면 먼저 '자아'의 정체를 알아보자. 자아는 보통 정신분석에서 잠재의식의 한 부분을 말할 때 쓰는 말이다. 잠재의식은 크게 원초아(id), 자아(ego), 초자아(super ego) 세 가지로 나뉜다. 원초아는 태어날 때부터 갖고 있는 본능이나 생물적인 충동 같은 기본 에너지인데, 불쾌한 것을 피하고 즐거운 것을 좇는 쾌락 원리를 따른다. '무엇을 하고 싶다.' 하는 부분이며, 자연적이고 기본적인 생명 에너지라 이해하면 되겠다.

자아는 상황을 판단하고 계산, 분별, 방어하는 주체이며, 현실에서 가능한 것을 하고 불가능한 것을 피하는 현실 원리를 따른다. '무엇을 할 수 있다.' 하는 부분이며, 외부 세계와 내면 세계를 잇는 매개체라 이해하면 되겠다.

초자아는 사회나 어른들한테서 흘러 들어온 양심이나 검열 기준을 말하며, 옳고 그름을 가리는 도덕 원리를 따른다. '무엇을 하면 안 돼.' 하는 부분이며, 원초아가 무한정 발산되는 것을 막는 안전장치라 이해하면 되겠다.

자동차에 비유한다면, 원초아는 가속기나 엔진, 초자아는 브레이크, 자아는 핸들이나 운전자에 해당된다. 이 세 가지 요소의 역동에 따라 건강해지기도 하고 병들기도 하는데, 가장 건전하고 바람직한 상태는 자아가 건강해서 원초아와 초자아를 잘 조화시키는 상태다.

정신분석학 초기에는 이 세 가지 요소를 다 의식이 자각하지 못하는 것으로 여겼다가, 차츰 자아의 개념을 중시하면서 '자각'이나 '자유의지'에 초점을 두게 되었다. 자아는 잠재의식의 일부이기도 하지만, 잠재의식 구조를 알고 조정하며 선택할 수 있는 부분으로 여기게 된 것이다. 실제로 자아는 잠재의식을 알아차리고 조정할 수 있을 만큼 자유롭다고 할 수 있다.

이 부분에서 자아와 자기가 서로 혼용되는 일이 발생한다. 자아를 그냥 잠재의식의 일부이고 의식이 자각하지 못하는 부분으로 규정하면 자아와 자기는 뚜렷이 구분되지만, 자각이나 자유의지를 포함하게 되면 원래의 자아 개념을 넘어서서 자기라는 개념의 영역으로 들어간다. 인간중심 상담에서 말하는 '자아실현'은 실제로 '자기실현'이 맞는 번역이다. 영어 단어로 보면 확실히 알 수 있는데, 'self actualization'이라 하지 'ego actualization'이라 하지 않는다. 그런데 사람들이 자아실현이라고 많이 쓰다 보니 그냥 그렇게 굳어 버렸다. 이 글에서는 자기실현이라 쓸 것이다.

만약 자기가 아니라 자아를 활성화해 버린다면 큰 문제가 생긴다. 자아는 기본적으로 이기적이기 때문이다. 그런데 참 헷갈리는 것이 이기적이라는 영어 말은 'selfish'다. 그래서 자아라는 말과 자기라는 말이 서로 섞여서 쓰이는 것 같기도 하다. 편의상 이 글에서는 자아라는 말과 자기라는 말을 구분해서 쓸 것이다. 쉽게 생각해서 'ego'는 '자아'로 번역하고 'self'는 '자기'라고 번역한다고 보면 된다.

'셀프'에는 '자아'뿐 아니라 '원초아' '초자아' '표면의식' '정서' '행동' '인지' '감각' '초감각' '신체' 따위도 다 포함된다. 한 마디로 '나'라는 존재를 통합해서 보는 개념이 '셀프'라고 이해하면 된다.

이야기를 마치기 전에 한 가지 더 짚어둘 것이 있다. 앞에서 자아초월 상담까지 말했기 때문에 '셀프'의 두 가지 종류를 알아두어야 할 필요가 있다. 영어로 쓸 때 소문자로 쓰는 셀프—self와 대문자로 쓰는 셀프—Self가 구분되는 것이다. 우리말로 구분하자면 전자는 '소아(小我)', 후자는 '대아(大我)' 쯤이 될 것이다. 자기를 이루는 요소가 잘 통합되지 않아서 혼란에 빠져 있거나 욕심에 사로잡혀 자신을 망각하고 있을 때를 '소아'라 하고, 자신을 찾아 통합해서 온전한 자기로 있을 때를 '대아'라 한다. 달리 표현하면, '자기실현'을 한 상태가 '대아'

이고, 그렇지 못한 상태가 '소아'라고 할 수 있겠다.

지금까지 셀프에 대해서 살펴본 것을 간추려 보자면, 자신을 이해하고 알아가는 과정이 '에고에서 셀프로 가는 과정'이고, 자신을 찾아 통합해서 자유롭게 자신의 삶을 사는 과정이 '작은 셀프에서 큰 셀프로 가는 과정'이라 할 수 있다.

2. 스캔: 성찰 또는 관찰

스캔이란 말은 '살펴본다.'는 말이다. 집중해서 살펴보면 성찰이 되고, 그냥 관심을 가지고 살펴보면 관찰이 되겠다. 살펴보는 것은 판단하고 평가하고 사색하는 것과 다르다. 어떤 잣대를 들이대서 판단하거나 평가하거나 깊이 생각하는 것은 이미 '보는' 범주를 넘어선 것이다. '순수하게 보는' 행위는 '있는 그대로 알고자 하는 활동'이다.

그래서 스캔을 할 때에는 자신의 주관이 섞이는 것을 조심해야 한다. 예를 들어서 장미꽃을 볼 때, '꽃잎이 이렇게 생겼고, 가시가 있으며 색깔은 빨갛다……' 하는 식으로 보는 것은 장미를 있는 그대로 보는 것이다. 하지만, '장미는 아름답지만 벌레가 먹거나 꽃이 질 때에는 추하다.' 하는 식으로 보는 것은 있는 그대로 보는 것이 아니라 자신의 주관을 섞어서 보는 것이다. 스캔할 때 주관이 섞이는 것은 경계하되 다만 관심을 가지고 살펴야 한다. 때문에 스캔할 때 가장 중요한 것이 바로 관심이다.

1) 관심의 정의

'관심(觀心 또는 關心)'이란 말은 '마음을 본다.'는 뜻으로 쓰일 때도 있고, '마음을 둔다.'는 뜻으로 쓰일 때도 있다. 전자는 마음을 살피는 행위를 말하고, 후자는 그 행위를 하는 마음 상태를 말한다. 전자는 관심(觀心)이라 쓰고, 후자는 관심(關心)이라 쓴다. 일반적으로 '관심을 가진다.'고 할 때에는 마음을 어디에 두고 있느냐 하는 상태를 뜻한다. '마음을 본다'는 뜻의 관심은 일상에서 거의 쓰이지 않는다.

여기서는 이 두 가지 뜻을 다 쓴다. 먼저 마음을 살피고, 다음으로 마음을 둔다. 마음을 살피는 것은 지금 이 자리에서 자신에게 일어나는 마음을 '그대로 느껴 보는 것'을 말하고, 마음을 두는 것은 마음을 괴롭거나 불편한 상태에 내버려 두지 않고 '스스로 편안하게 하는 것'을 말한다. 마음을 살피는 것과 두는 것 가운데 어느 한쪽에 치우치면 온전한 스캔이 되지 않는다.

마음을 살피는 것에만 치중하면 자칫 '마음이 일어나는 그대로만 하면 된다.' 하는 식의 극단에 치우칠 위험이 있다. 한순간에도 엄청나게 많은 마음이 일어나고 순식간에 사라져 버린다. 그 많은 마음 가운데 어떤 것을 알아차려서 따르게 될지 알 수 없는 일인데, 마음을 살펴서 알아차리는 그대로 행동을 한다면 자칫 익숙해진 습관에 끌리거나 욕구에 휘둘릴 가능성이 커진다.

반면에 마음을 두는 것에만 치중하다 보면 '원리대로만 하면 된다.' 하는 식의 극단에 치우칠 위험이 있다. 지금 자신에게 벌어지는 마음을 젖혀 두고 그럴듯한 원리에만 매달린다면 결국 자신의 삶에 별 도움이 되지 않는다. 원리를 따르는 데 마음을 쏟다 보면, 마음이 너무 굳어 버리거나 앵무새 같은 소리를 되풀이하면서 막상 자신의 마음은 전혀 알지 못하는 어리석음에 빠져들기 쉽다.

그래서 마음을 살펴 알아차리는 것과 순리대로 마음을 관리하는 것은 함께 해나가야 한다. '마음 알아차리기'와 '마음 두기(다루기)'는 삶을 살아가는 모든 순간에 꼭 필요한 공부다. 예를 들어서 불안할 때 불안한 줄 아는 것이 '마음 알아차리기'이고, 불안한 마음에 집중해서 호흡을 가다듬거나 이완을 하거나 생각을 고쳐먹는 방식으로 대응하는 것이 '마음 두기(다루기)'가 된다.

2) 스캔의 목적

무엇 때문에 마음을 알아차리려 할까? '마음 알아차리기'의 근본적인 목적은 마음이 제대로 기능하고 있는지 알려고 하는 것이다. 마음이 제대로 기능해서 괴로움이 없는 상태를 '행복'이라 한다면, 결국 '행복하려고' 스캔을 한다고 하겠다. 그런데 무엇이 행복인가? 많은 사람은 사실 이 문제를 깊이 생각해 보지도 않고 그저 남들 하는 대로 끌려다닌다. 행복해지고 싶은 마음은 가지고 있으면서도, 무엇이 행복인지 깊이 살피지는 않는다. 대부분의 사람은 흔히 '몸이 건강하고 아는 사람들과 화목하게 지내면서 탈 없이 오래 사는 것'을 행복이라 여긴다. 그리고 그런 행복을 얻기 위한 여러 조건을 위해서 애를 쓴다.

가난으로 고생한 사람은 부유해지는 것이 목적이 된다. 그래서 열심히 돈을 벌고 재산을 모은다. 남을 마음대로 부리고 싶은 사람은 지위가 높아지는 것이 목적이 된다. 그래서 기를 쓰고 지위를 높이려 한다. 이름을 날리고 싶은 사람은 명예를 얻고 지키는 것을 최우선으로 삼는다. 이 모두가 '그것이 갖추어지면 행복하다'는 믿음에서 비롯된다. 아무튼 많은 사람은 '부귀공명'을 얻기 위해 힘을 쓰고 삶을 던진다.

그러나 엄밀히 살펴보면 부귀공명이나 건강, 장수 같은 것은 그것 자체로 행복이 될 수 없다. 기껏해야 행복하기 위해서 필요한 조건이 될 수 있을 뿐이다. 그것도 확실하게 그렇다고는 할 수 없다.

행복은 조건이 아니라 마음에 달려 있다. 많은 재산을 가졌다고 해서 행복해지지는 않는다. 높은 지위를 얻는다고 해서, 이름이 난다고 해서 행복한 것은 아니다. 조건을 맞추는 데 온 힘을 쏟다 보면 당장 눈앞에 닥친 급한 일에 매달리며 한평생을 보내고 만다. 실제로 많은 사람이 소원을 이루고 나서도 행복하지 않은 경험을 한다. 예를 들어서 사랑하는 사람과 맺어지고 나서 오히려 싸움이 잦아지는 경우가 많다. 이는 마음이 변하기 때문이다.

같은 조건에서도 어떤 사람은 행복하고 어떤 사람은 불행을 느낀다. 만약 어떤 조건에서도 스스로 마음을 뜻대로 할 수 있다면 늘 행복할 수 있을 것이다. 어떤 조건에서도 마음이 흔들리지 않고 평화로운 상태를 유지할 수 있다면 더 바랄 게 있을까? 부귀공명을 얻고자 애쓰는 것도, 도를 구해 세상을 등지는 것도 결국에는 이런 상태일 때라야 행복으로 가는 길이 된다. 스캔은 이런 상태로 향하는 첫걸음이다.

3) 스캔의 방향

'밖으로 향하는 마음을 안으로 돌려 자신의 마음에 관심을 갖는다.' 행복과 불행은 결국 마음의 문제다. 따라서 마음을 살펴 마음을 다루는 것이 바른 방향이다. 마음 바깥의 어떤 것에 관심을 가지고 다루려고 하는 것은 그릇된 방향이다.

하지만 감각기관은 외부 자극에 반응하고 있다. 눈은 빛깔이나 모양을 좇으며, 귀는 소리를 좇는다. 코는 냄새를 좇고, 혀는 맛을 좇으며, 살갗은 닿는 느낌을 좇는다. 또한 뇌수는 법칙성을 좇아 반응한다. 그래서 감각을 통한 경험이 쌓이면서 마음은 자꾸 외부로 향하게 된다.

감각이 외부를 향하다 보니 감각을 기초로 하는 지각, 사고 과정도 자연스럽게 외부 자극에 이끌리기 십상이다. 이렇게 되면, 마음은 스스로 주체가 되지 못하고 바깥에서 벌어지는 일에 따라 이리저리 끌려다니고 만다. 감각이나 생각의 노예가 되는 것은 마음이 스스로를 잃어버리고 바깥 대상에 묶이는 현상이다.

마음이 바깥 대상에 묶이면 원망이나 미움, 답답함 같은 상태에 빠져서 괴로움을 받게 된다. 그런데도 괴로움이 왜 생기는지 알지 못하면 외부 대상과 씨름하면서 더더욱 심하게 묶여 버리고 만다. 예를 들어서 어떤 부모는 자식이 말을 듣지 않는다고 답답해하면서 자식이 바뀌어야 자신의 답답함이 풀릴 것이라 생각해서 자식을 바꾸려고 한다. 타이르거나 어르거나 해서 자식을 바꾸려 하지만 뜻대로 되지 않고, 더더욱 답답해지는 경우가 있다.

어떤 괴로움이든 다 원인이 있다. 그 원인을 있는 그대로 살펴보면 결국 스스로 갖고 있는 집착에서 찾을 수 있다. 그러나 그 원인이 바깥에 있는 줄 알면 아무리 애를 써도 그 괴로움을 없애지 못한다. 자식이 말을 듣지 않아 답답하다면, 그 순간 자신의 마음을 바라보아야 한다. 자식한테 무엇을 기대하는지 살펴보는 것이 올바른 방향이다. 이렇게 하면 원인을 찾아 문제를 해결할 수 있다.

마음에 이끌리지 않고 마음을 자유자재로 쓰려면 관심을 밖으로 두지 말고 안으로 돌려야 한다. '밖으로 향하는 마음을 거두어 안을 살피는 것', 이것이 스캔의 바른 방향이다. 바깥 대상에 마음을 빼앗기지 말고, '스스로 자기 마음의 주인이 되는 연습'을 끊임없이 해야 한다. 스캔은 살면서 겪은 여러 경험을 통해서 사로잡히게 된 온갖 묶임을 풀고 스스로 마음의 주인이 되어 보려 애쓰는 것이다.

4) 스캔의 구체적인 방법

'온 정성을 다해서 마음을 살피고 알아차리는 모든 것을 놓는다.'
스캔을 하는 과정에서 여러 가지 체험을 할 수 있다. 그러나 무엇을 하든 늘 자신의 마음을 살피고 알아차리는 것을 놓쳐서는 안 된다.
'어떤 행동을 하느냐' 하는 것이 아니라 '마음이 어떻게 일어나고 있느냐' 하는 것에 관심을 가진다. 판단이나 평가를 해서 마음을 억누르거나 하지 않고 있는 그대로 알아차리려 애쓴다. 아주 솔직하게 일어나는 마음을 그냥 살펴서 알아차리려 한다. 이렇게 하면 점점 자기 마음이 어떻게 일어나는지 알게 된다.

그렇다고 해서 마음이 일어나는 대로 그냥 두라는 것은 아니다. 예를 들어, 스캔을 하기 싫은 마음이 일어나서 그만두어 버린다면 아무 소용이 없다. 싫은 마음이 일어나면 그 마음을 알아차리되, 그 마음대로 끌려 가지는 말아야 한다. 일어나는 마음을 알아차릴 뿐, 그것에 끌려 가지 않는 것이 중요하다.

일어나는 마음에 끌려 가지 말라고 해서 일어나는 마음을 모두 다 눌러 버리라는 것은 아니다. 끌려 가지도 않고 거부하지도 않는다. 다만 바라볼 뿐이다. 옳고 그름이나 잘잘못을 가리지 않는다. 그냥 알아차리면서 더욱 관심을 쏟는다. 나름대로 원칙을 갖고 있다면, 그 원칙마저 바라보아야 한다. 억누르거나 끌려가지 않고 그대로 바라보아야 한다.

다음으로 확실히 알아차린 마음이 있다면, 그 마음을 충분히 느껴야 한다. 마치 현미경으로 자세히 들여다보듯 그렇게 마음을 들여다본다. 처음에 흐릿하게 느껴지던 마음도 이렇게 정성을 다해 들여다보면 점점 더 분명히 느껴지게 된다. 이렇게 마음을 알아가는 것이 '스캔'이라는 수레의 한 바퀴가 된다.

'알아차리는' 것이 한 바퀴라면 다른 한 바퀴는 '놓는' 것이다. 어떤 마음도 붙잡지 말고 그냥 놓는다. 붙잡으면 힘이 들지만 놓으면 힘이 들지 않는다. 예를 들어, 사람은 불편하거나 부정적인 마음이 일어났을 때 그 마음을 피하고 싶어진다. 그러나 그 마음을 피하려 하면 할수록 힘만 들 뿐 그 마음에서 놓여나지 못한다. 반면에 이때 오히려 그 마음을 더 정성껏 살피며 그대로 느끼려 하면 그 마음에서 쉽게 놓여나게 된다.

만약 아주 기쁘고 좋은 감정이 일어나면, 그 마음을 계속 붙잡고 싶어진다. 그러나 붙잡으려 하면 할수록 그 마음은 약해져서 사라진다. 반면에 이때 오히려 그 마음을 정성껏 살피며 그대로 느끼려 하면 그 감정을 붙잡고 싶은 마음에서 쉽게 벗어나게 된다. 마치 배가 고팠던 사람이 충분히 먹고 나서 배고픔에서 벗어나는 것과 같다.

'어떤 마음도 밀쳐 버리거나 붙잡으려 하지 않는 것'이 놓는 방법이다. 스캔을 할 때는 '마음을 살피고 그 마음을 놓는 것'을 계속 연습한다. 가만히 앉아서 깊이 살펴보는 것도 놓는 연습이 된다. 사실 '잘 살펴야 놓여날 수 있고, 잘 놓아야 그대로 살필 수 있다.' 정성을 들여 살피는 만큼 알게 되고, 알게 되는 만큼 놓을 수 있다. 결국 마음을 두는 최선의 방법은 '마음을 놓는 것'이 된다.

5) 무엇이 달라지나 – 기대효과

마음을 살피고, 살펴서 알아차린 마음을 놓아버릴 때 어떤 일이 생기게 될까? 안으로는 갈등이 줄고 편안해지며, 밖으로는 걸림이 없어지면서 관계가 좋아지고 깊은 만남과 나눔을 가질 수 있게 된다. 그래서 삶이 즐겁고 보람차게 된다.

우선 이렇게 하면 '내면 갈등이 줄고 마음이 맑고 밝고 가벼워진다.' 왜 그런가? 마음이 맑지 못하고 밝지 못하며 무거운 까닭은 번뇌 때문이다. 번뇌란 곧 괴로운 마음 상태를 말한다. 본래 우리 마음은 맑고 밝고 가볍다. 그러나 어리석어서 욕심과 성냄에 사로잡히게 되면 마음이 본래 상태에서 벗어나 번뇌에 빠지게 된다. 마치 맑은 물에 흙이 섞이고 흔들리면 흙탕물이 되어 뿌옇게 되는 것처럼, 욕심이 흙이 되고 성냄이 흔들림이 되어 마음의 빛을 가려 어둡게 되는 것이다.

번뇌는 온갖 잡스러운 마음들이 뒤섞여서 갈등을 일으키는 상태다. 바라는 마음, 망설이는 마음, 두려워하는 마음 따위가 뒤섞여서 서로 부딪히고 혼란스러운 가운데 본래 마음은 점점 그 빛을 잃고 만다. 번뇌가 있는 사람은 마치 꿈을 꾸고 있는 것처럼 현실을 바로 알지 못하고 이런저런 마음에 사로잡혀 헤맨다. 이런 마음으로 밖을 향해 힘을 쓰니 수많은 갈등 속에서 괴로움만 더하게 될 뿐이다.

그런데 밖으로 향하는 혼란스러운 마음을 멈추고 안을 살펴 속을 알아차리게 되면 변화가 나타난다. 마음속에서 어떤 일이 벌어지는지 관심을 가지고 살피는 가운데, 뒤섞여 갈등을 일으키고 있는 마음이 보인다. 그리고 이 마음을 놓아 버리는 과정을 통해서 마음은 갈등을 멈추고 본래 빛을 되찾게 된다. 결국 갈등이 줄고 마음은 맑고 밝고 가벼운 본래 성질을 되찾는다.

번뇌로 갈등을 일으키고 있는 마음은 괴롭다. 마치 먼지가 쌓이고 정돈이 되지 않은 방과 같아서 심란하다. 번뇌를 살피지 못하고 다만 밖으로 마음을 쓰느라 온갖 쓰레기가 마음을 차지해 버린 셈이다. 마음을 살펴서 놓는 것은 이렇게 어질러진 방을 청소하는 것과 같다. 깨끗이 청소가 되어 정돈된 방은 깔끔하다. 이런 마음은 편안하고 즐겁다.

다음으로 마음을 살피고 놓아 버리는 과정을 거치면 '인간관계에서 속마음을 나누는 데 어려움이 없어지고 마음이 깊이 통하게 된다.'

마음이 정돈되어서 맑고 밝고 가벼우면 주변 사람한테 환영을 받게 된다. 그 속을 알 수가 없고 수시로 변덕을 부리는 사람을 가까이하고자 하는 사람은 없을 것이다. 솔직하고 밝으며 진심을 부담 없이 나눌 수 있는 사람이 있다면, 이 사람과 친하게 지내고 싶을 것이다.

다른 사람을 속이거나 속을 감추고 가식과 위선으로 사는 사람은 사람들한테 환영받기 어렵다. 온갖 번뇌로 마음에 갈등이 많은 사람일수록 다른 사람한테 속내를 그대로 드러내기 어렵다. 속이 편하지 않기 때문에 관계가 편할 수 없는 것이다. 자기를 잘 알 수 없어서 자기도 믿지 못하는데 어떻게 남한테 속내를 그대로 드러낼 수 있겠는가! 이런 사람은 좋지 않은 마음을 들킬까 봐 감추려 하면서 좋게 보이려 애를 쓰다 보니 자꾸 잔머리를 굴려 결국 믿을 수 없는 사람이 되고 만다.

그런데 속이 편안하고 깨끗해지면 굳이 감출 필요가 없기에 솔직하게 자신을 드러낼 수 있다. 또한 마음에 갈등이 없기에 다른 사람의 이야기에 귀를 기울이고 함께 느끼는 여유를 가질 수 있다. 그래서 마치 향이 나쁜 냄새를 없애듯, 주변을 편안하게 한다. 스스로 편안하기에 주변을 편안하게 할 수 있다.

마음을 깊이 알아갈수록 즐거움과 보람도 커진다. 그래서 솔직하게 마음을 나누다 보면 저절로 깊은 나눔이 이루어지게 된다. 마음을 깊이 나눈다는 것은 곧 깊이 만나는 것이다. 깊은 만남은 따뜻함으로 느껴지게 된다. 서로 위안이 되고 힘이 되면서 어려움을 함께할 수 있는 관계를 가질 수 있다. 외로움이나 허전함 같은 달갑지 않은 마음은 깊이 만남으로 사라지게 된다.

마지막으로 마음을 살피고 놓아 버리는 과정을 거치면 '인생길에서 원하는 것을 이루기 위한 실천을 기꺼이 하며 보람을 느끼게 된다.' 속이 편안해지고 인간관계가 좋아지면서 삶은 행복으로 가득하게 된다. 행복을 느끼면 점점 더 큰 세상을 마음속에 품기 마련이다. 행복은 마음이 자라게 하는 영양분이 된다. 그래서 자기가 겪는 모든 일에 적극성을 가지고 기꺼이 뛰어들어 마음껏 삶을 누린다. 할까 말까 망설이거나 내키지 않는 마음으로 억지로 끌려가는 행동을 하지 않는다. 좋은 일이 있으면 그냥 기꺼이 한다.

　마음이 점점 커질수록 흔들리거나 얽매이는 일이 적어진다. 모든 존재의 행복을 마음에 담고 살면 가장 크고 위대한 사람이다. 온 인류의 행복에 관심을 가지면 위대한 성인이다. 애국자는 나라의 운명을 걱정하며, 가장은 식구들의 행복에 관심을 가진다. 마음에 병이 들어서 아픈 사람은 자기 하나도 어찌하지 못하면서 쩔쩔매는 삶을 산다. 마음이 커질수록 그의 마음속에는 더 큰 세상이 자리 잡는다.

　또한 마음을 살피고 마음을 놓아서 비우는 만큼, 그 마음속에 큰 세상이 자리를 잡게 된다. 크게 비울수록 큰 것을 채울 수 있기 때문이다. 하지만 마음이 커진다고 해서 작은 것을 무시하지는 않는다. 마음이 큰 사람은 아무리 작은 것이라 하더라도 정성을 다할 줄 안다. 만약 작은 것에 신경을 쓰지 않고 오직 큰 것만 생각한다면 이 또한 속이 썩어 버린 병에 걸린 것과 같다. 크고 작고를 넘어서 정성을 다할 수 있는 마음이라야 진짜 큰마음이라 할 수 있다.

　망설이는 것은 갈등 때문이다. 갈등이 없어지면 거리낌이 없어져서 삶이 탁 트인다. 지금 하고 있는 일에 온 마음을 다할 수 있기에 그만큼 이루어 내기도 쉬워진다. 당연히 보람을 얻게 된다. 걸림 없는 삶 속에서 나날이 행복을 느끼며 사는 삶! 이런 삶이야말로 궁극의 목적을 이룬 사람의 삶의 모습이라 하겠다.

3. 셀프스캔: 자기성찰

이제 셀프스캔을 이야기할 차례다. 셀프스캔이란 '에고가 아닌 셀프를 스캔하는 것'이다. 문제에 치중해서 번뇌만 살핀다면 이는 에고를 스캔하는 것이다. 셀프에는 문제뿐 아니라 그 해답도 포함되어 있다. 그래서 셀프를 스캔하는 것은 치유와 성장에 도움이 된다.

먼저 스캔에 필요한 바탕이 되는 호흡관부터 살피고 나서 스캔(성찰)해야 할 대상인 몸, 감각, 마음, 원리를 스캔하는 방법을 구체적으로 알아보자.

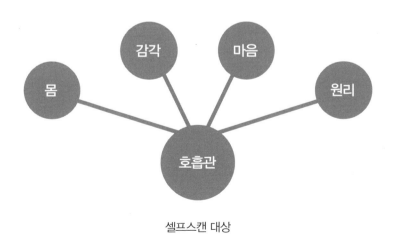

셀프스캔 대상

1) 호흡관 - 필수적인 기초

무슨 일이든 첫걸음이 중요하다. 호흡관은 셀프스캔을 하는 데 꼭 필요한 준비 과정이면서 동시에 시작부터 끝까지 지속되어야 하는 것이다. 호흡관이란 '호흡을 보는' 것이다.

생명을 유지하려면 호흡은 필수다. 사람은 숨을 쉬지 않고는 단 몇 분도 살 수 없다. 호흡을 통해서 필요한 산소를 몸 안으로 받아들이고 쓰고 난 이산화탄소를 몸 밖으로 내 보낸다. 몸 안으로 들어온 산소는 생명 활동에 요긴하게 쓰인다. 그런데 사람들은 평소에 호흡이 얼마나 중요한지 까맣게 잊고 지내다가 숨쉬기가 어려운 상황이 되었을 때에야 비로소 호흡의 중요성을 절감하곤 한다.

셀프를 스캔하는데 왜 호흡관이 기본이 되며 첫걸음이라 할까? 직접 해 보면 알겠지만 호흡관이 바탕이 되지 않으면 셀프를 스캔하는 것이 제대로 되지 않는다. 호흡관을 하지 않으면서 셀프를 스캔하면 관념만 커지기 쉽다. 그래서 반드시 호흡관을 처음부터 끝까지 유지하면서 셀프스캔을 해야 한다. 실제로 호흡관을 꾸준히 하는 사람들은 어렵지 않게 셀프스캔을 잘 해내지만, 하지 않는 사람은 난관에 부딪혀서 어려워하다가 결국 포기해 버리고 마는 현상을 수없이 목격했다.

이제부터 호흡관을 자세히 설명해 보려 한다. 호흡을 보는 데에는 수많은 방법이 있다. 숨을 깊고 천천히 쉬어야 한다든가, 들이마시는 숨이 내쉬는 숨보다 짧아야 한다든가, 이런저런 복잡한 방법으로 수련을 해야 한다든가 하는 주장이 많다. 하지만 호흡관의 핵심은 '호흡을 인식'하는 것이다. 잘라 말하건대 이것저것 다 필요 없다. 그냥 숨을 쉬고 있음을 인식하고 있으면 된다. 코끝에 집중하든 아랫배에 집중하든 별 상관이 없다. 다만 숨이 들어오는 것과 나가는 것을 느끼면서 숨을 쉬면 된다. 그야말로 '호흡을 보고 있으면' 된다.

이렇게 간단하지만 막상 실제로 해 보면 여러 가지 어려움이 있고 뜻밖의 체험을 하기도 한다. 그래서 어떤 신기한 현상에 빠져 버리거나 혼란을 느끼면서 갈팡질팡할 수도 있기 때문에 여기서는 호흡관의 체계를 잡아서 그 과정을 설명하고자 한다. 모르는 길을 갈 때 이정표가 잘 갖추어져 있으면 불안해하지 않고 안전하게 목적지에 다다를 수 있는 것처럼, 호흡관의 체계를 알아두면 실제로 하면서 겪게되는 현상에 당황하지 않고 꾸준히 해내는 데 도움이 될 것이다.

호흡관의 전체 과정은 ① 숨쉬기, ② 모으기, ③ 알아차리기, ④ 깨어 있기, ⑤ 꿰뚫어 보기로 요약할 수 있다.

(1) 숨쉬기

첫 번째, '숨쉬기'는 숨을 쉬고 있음을 인식하는 것이다. 처음엔 숨에 마음을 두는 것이 잘 지속되지 않는다. 그래서 방편으로 사용하는 것이 숨을 세는 방법이다. 숨을 몇 번 쉬는지 세어 나가는 식으로 숨에 마음을 잡아 두는 것이다. 이때 하나부터 열까지 세고 다시 거꾸로 하나까지 세는 것을 되풀이하는 방식으로 진행한다. "하나, 둘, 셋, ～ 열, 아홉, 여덟, ～ 하나, 둘 ～" 이런 식으로 말이다. 물론 이렇게 숨을 세지 않아도 마음이 숨에서 떠나지 않으면 안 세어도 된다.

(2) 모으기

숨에 마음을 두고 있다 보면 자연스럽게 집중하게 된다. 이것이 '모으기' 단계다. 여러 개의 물건을 하나의 그릇에 모아 두려고 하는데 물건들이 흩어져 있으면 어떻게 하는가? 흩어져 있는 것들을 주워서 그릇에 담으면 된다. 이처럼 모으기는 마음을 숨에 두려고 하는데 마음이 자꾸 다른 곳으로 달아나 버리면 다시 붙잡아 코끝이나 아랫배에 묶어 두는 것이다. 실제로 호흡관을 해 보면 처음부터 집중이 잘 되는 경우는 거의 없다. 하면 할수록 잡념이 많이 생기고 오히려 마음이 더 복잡하게 느껴지곤 한다.

잘 모르는 사람이라면 이런 경우에 쉽게 포기해 버리고 만다. 하지만 이런 현상은 무언가 잘못된 것이 아니다. 오히려 집중이 되기 때문에 잡념들이 보이는 것이다. 마치 어두운 곳에 빛이 새어들면 그 빛으로 떠다니는 먼지가 보이는 것과 같다. 어두웠을 때 안 보이던 것이 빛이 비치면서 보이는 것이다. 이처럼 마음이 모이면서 전에 보이지 않던 잡념들이 보이게 되는 것이니 실망할 필요가 없다. 그냥 꾸준히 마음을 숨에 묶어 두는 데 집중하면 호흡관은 점점 깊어지기 마련이다.

(3) 알아차리기

모으기가 한참 유지되면 드디어 마음이 보이기 시작한다. 이것이 세 번째 단계인 '알아차리기'다. '아! 지금 슬프구나.' '지금 화가 나는구나.' '저 사람의 말에 내가 흥분을 하는구나.' 이런 식으로 마음의 움직임이 보인다. 마음에서 어떤 일이 일어나는지 알아차리게 된다는 말이다. 이때 주의해야 할 것이 있다. 판단하거나 평가하려 들지 말아야 한다는 점이다.

마음을 알아차렸을 때 곧바로 판단하고 평가해서 정리를 해 버리면 호흡관이 더는 진전되지 않는다. 판단을 하거나 평가를 한다는 것은 이미 자기가 가지고 있던 습관적인 잣대가 자동으로 작동하는 과정이다. 그러면 생생하게 느끼면서 볼 수 없게 된다. 그래서 평가하거나 취사선택을 하지 말고 그냥 그대로 두고 알아차리기를 하면 된다. 알아차리기가 되면 이제 호흡관이 본격적인 궤도에 들어온 것이라 볼 수 있다.

(4) 깨어 있기와 꿰뚫어 보기

마음의 변화를 알아차리는 것을 계속 유지하는 것이 '깨어 있기' 단계다. 판단하거나 평가하지 않고 알아차림을 계속 유지하다 보면 더 깊은 속마음이 모습을 드러낸다. 이렇게 마음 깊이 있는 것을 꿰뚫어 보아야 호흡관이 제대로 마무리되는 것이다. 그야말로 '스캔 완료'인 셈이다. 알아차림이 겉으로 드러나는 마음을 보는 것이라면 꿰뚫어 보기는 더 깊이 있는 속마음을 보는 것이다. 알아차림이 깊어지면 꿰뚫어 보게 되고, 이를 일러 '통찰(insight)'이라 한다. 깨어 있기는 알아차림이 꿰뚫어 보기로 이어지도록 숙성시키는 과정이다.

깨어 있기에서 주의할 점은 선입견이나 고정관념이다. 이미 가지고 있는 견해나 판단기준이 깨어 있기에 끼어들면 있는 그대로 볼 수 없게 된다. 알아차림을 유지하면서 살펴보는 데 마음을 쓸 뿐이지, 정리하려고 하거나 분석하고 이해하려고 하는 생각은 접어 두어야 한다. 그렇게 깨어 있다 보면 알아차림이 깊어지면서 자연스럽게 꿰뚫어 보기 단계로 들어가게 된다.

　이 다섯 단계를 간추려 보자면, 숨쉬기는 준비운동에 해당된다고 할 수 있다. 준비운동이 제대로 되어야 부상도 줄어들고 본래 가진 능력을 충분히 발휘할 수 있는 것처럼, 숨쉬기가 제대로 되어야 이후 과정들도 순조롭게 진행될 수 있다. 모으기가 밑바탕이 되면서 본격적으로 호흡관이 지속되는 것이고, 알아차리기에 이르러서 성과를 보기 시작한다고 할 수 있다. 하지만 알아차림은 중간 목표이지 최종 목표가 아니다. 알아차림을 숙성시켜 꿰뚫어 보기에 이르도록 하는 깨어 있기가 매개되어야 한다.

　스캔은 호흡관이 바탕이 되어야 진정한 효과가 있다. 스캔을 하면서 맞닥뜨리는 여러 현상을 앞에서 말한 단계로 이해하면 크게 당황하거나 혼란에 빠지지 않을 수 있다. 호흡관의 단계와 그 특징을 정리하자면 다음 표와 같다.

〈표 2-1〉 호흡관의 단계와 그 특징

	숨쉬기	모으기	알아차리기	깨어 있기	꿰뚫어 보기
활동	자연스럽게 숨을 쉬며 숨을 세는 방식으로 숨쉬기에 집중	다른 곳으로 도망가는 마음을 붙잡아 지금 이 자리에 둠	일어나는 마음을 그대로 느끼며 바라봄	깨어 살핌을 유지하면서 알아차림이 깊어지게 함	알고자 하는 마음을 집중해서 있는 그대로 보게 됨
열쇠	"숨은 곧 생명이다."	"오직 한 마음으로."	"지금 여기 내 마음."	"지금 내 마음은?"	"이것이 무엇인가?"
주의	숨을 억지로 조절하지 말라!	이것저것 기웃거리지 말라!	분석하거나 평가하지 말라!	선입견, 고정관념을 멀리 하라!	알고 있다고 착각하지 말라!
효과	숨이 고르게 되어 몸과 마음이 건강해짐	집중력과 인내심, 추진력이 좋아짐	마음 변화에 민감해져서 감수성 발달	생생한 느낌으로 창의성이 좋아짐	생각이 깊어지고 통찰력을 갖춤
특징	준비운동	첫걸음이자 밑바탕	모으기의 성과이며 꿰뚫어 보기의 씨앗	알아차림을 숙성시켜 꿰뚫어 보기로 이어줌	성과이자 마음 알기의 밑바탕

출처: 방기연(2013), **마음이 이끄는 삶의 조화**, p. 42.

사례:

호흡에 길이 있다 (호흡관)

30대 중반 남성. 회사원.

스트레스로 불면에 시달림.

별칭: 선잠

선잠: 화가 나면 어쩔 줄을 모르겠어요. 참으려고 죽을힘을 다해 애쓰다가 나도 모르게 폭발해 버립니다. 어제도 직장에서 그만 상사한테 욕을 하고 말았어요. 이제 또 다른 직장을 알아봐야 할 것 같아요.

상담자: 무엇 때문에 화가 났나요?

선잠: 사실 따지고 보면 별일 아니었어요. 요즘 워낙 불경기이다 보니까 회사도 어렵거든요. 그래서 부서마다 직원들을 채근하는 일이 많아요. 그냥 일상적인 일이 되어 버렸는데 어제는 그만 그냥 넘기지 못하고 폭발해 버린 거죠.

상담자: 상사가 심하게 했나요?

선잠: 뭐 특별히 심하게 했다기보다는 제가 예민해져 있었던 것 같아요. 지난 일주일 동안 잠을 거의 못 잤거든요. 다 합쳐서 다섯 시간이 될까 싶을 정도로 잠을 자지 못했어요.

상담자: 잠을 못 잔 이유는 뭔가요?

선잠: 직장에서 받는 스트레스도 있고, 요즘 들어 내가 이 일을 계속해야 하나 싶은 생각도 있거든요. 야근하고 집에 가면 그래도 잠을 잘 수 있

는 시간이 충분하지만 자려고 누워도 잠이 안 오는 거예요.

상담자: 일하면서 받는 스트레스에다가 진로 걱정도 겹쳐져서 걱정이 더 많아졌나 보네요.

선잠: 예. 그래요. 그렇지 않아도 한 직장을 오래 다니지 못하고 자꾸 옮겨 다녀서 어른들도 걱정을 하시는데. 그래도 전 나름 최선을 다하고 있거든요. 딱히 이 일을 하고 싶다 하는 것도 없지만 그렇다고 해서 지금 하고 있는 일을 싫어하는 것도 아니에요. 그런데 일이 손에 잘 잡히지 않아요.

상담자: 선잠님한테 진짜로 마음에 꺼려지는 것이 무엇일까요? 잠을 잘 못 자게 할 만큼 마음을 쓰게 만드는 것이요.

선잠: 딱히 두드러지게 그런 것은 없는 것 같아요. 그냥 막연하게 불안합니다.

상담자: 잠이 오지 않을 때 무얼 하시나요?

선잠: 그냥 뒤척이다가 정 안 되겠으면 수면제를 먹기도 해요. 그런데 수면제도 별 효과가 없는 것 같습니다. 자고 일어나도 푹 잤다는 느낌이 들지 않아요. 그래서 평소에도 컨디션이 안 좋은 상태죠.

상담자: 잠을 제대로 자기 위해서 노력해 보신 것은 없을까요?

선잠: 심리학 관련 책도 보고 방송이나 신문에서 나온 기사들도 보면서 웬만한 것들은 다 해 보았어요. 그런데 결국은 걱정이 생기면 아무런 소용이 없더군요. 알고 있는 방법들이 아예 생각조차 나지 않아요. 그냥 이 생각 저 생각 하면서 잠을 못 자고 마는 거죠.

상담자: 그래도 조금이라도 효과를 본 방법은 없나요?

선잠: 운동을 격하게 해서 몸을 피곤하게 하면 그래도 조금은 깊은 잠을 잘 수 있었던 것 같아요. 대신 몸이 피곤해서 계속할 수는 없었죠. 잠을 못 자서 피곤한 거나 운동 후유증으로 몸이 피곤한 거나 피곤하긴 마찬가지라서……

상담자: 마음을 살펴본 적은 있으신가요?

선잠: 예? 무슨 말씀이신지 모르겠네요.

상담자: 생각도 많고 걱정도 많아서 잠을 잘 못 자고, 화가 나면 어찌해야 할지 모르겠고, 참다가 폭발하고 나서 후회하고, 평소에 피곤한 상태로 일에 능률도 오르지 않고, 앞으로 살 일을 생각하면 막연하고. 이렇게 마음이 불편한데 그 마음을 살펴본 적이 있으시냐는 질문입니다.

선잠: 마음을 살핀다는 것이 무슨 얘기인지 이해가 되지 않습니다.

상담자: 걱정을 하는 것도 막연함을 느끼는 것도 화가 나는 것도 다 선잠님 마음이 움직이는 것이잖아요. 그 마음 자체에 관심을 가지고 지켜보는 것을 마음을 살핀다고 해요. '아, 내가 걱정을 하고 있구나. 지금 화가 나고 있네?' 이런 식으로 말이죠.

선잠: 그냥 화를 참으려고 하거나 걱정을 했지 마음을 살핀 적은 별로 없는 것 같습니다.

상담자: 그렇죠. 불편해하고 불만스러워했지, 정작 마음을 살피지는 못했죠?

선잠: 듣고 보니 그런 것 같네요. 그런데 그렇게 할 수 있는 건가요? 화가 나는데 '아, 내가 화가 나는구나!' 하는 식으로 말이에요.

상담자: 안 해서 그렇지 얼마든지 할 수 있는 일입니다. 사실 마음을 알고 다스리는 것이 아주 중요한데도 미처 마음에 관심을 가지지 못하고 그냥 마음이 일어나는 대로 휩쓸리면서 살곤 하지요.

선잠: 저도 잠이 안 오면 그냥 어떻게든 잠을 자려고만 했지, 잠이 안 오는 이유를 찾거나 걱정하는 마음을 이해하려고 한 적은 없는 것 같습니다. 내 마음을 내가 어찌해 볼 수 있다는 생각조차 해 본 적이 없네요.

상담자: 지금부터라도 하면 됩니다. 문제를 해결하려면 먼저 문제부터 제대로 이해해야 하잖아요. 마음이 불편할 때는 마음부터 이해하려 하는 것이 마땅합니다.

선잠: 뭔가 제가 놓치고 있던 중요한 것을 알게 된 것 같은 느낌이에요. 지금부터 마음에 관심을 가지고 살펴보아야겠어요. 그런데 어떻게 해야 하는지 막연합니다.

상담자: 먼저 숨부터 살펴봅시다. 지금 숨을 어떻게 쉬고 있지요?

선잠: 조금 전까지는 전혀 의식하지 않았었는데, 숨을 살펴보니 제가 조금 얕고 빠른 숨을 쉬고 있네요.

상담자: 잠깐 눈을 감고 몸에 힘을 빼고 즐거운 생각을 떠올리면서 숨을 느껴 보시겠어요?

선잠: 휴가 가서 편히 쉬던 때를 떠올리니까 숨이 편안해지네요.

상담자: 그럼 이번에는 어제 상사한테 욕을 할 때를 떠올려 보세요. 물론 숨을 의식하시면서.

선잠: 화가 나고 한편으로 두려워하면서 몸이 떨리네요. 숨이 막힙니다.

상담자: 그래요. 마음에 따라서 숨이 민감하게 반응합니다. 그래서 숨을 잘 살피면 마음을 살필 수 있게 되지요. 또한 숨을 의식하면서 쉬게 되면 감정이 일어나서 커지는 것을 금방 알아차려서 조절하기도 훨씬 쉬워집니다. 잠이 오지 않을 때 숨을 살펴보세요. 걱정을 하면서 밤을 지새우는 것보다 훨씬 좋을 거예요.

선잠: 예. 알았습니다. 한번 해 볼게요. 그렇다고 바로 잠이 잘 오거나 하진 않겠지만 적어도 불안해하면서 생각에 빠지지는 않을 수 있을 것 같습니다.

상담자: 그럼 다음 시간에 숨을 살피면서 알게 된 것들을 가지고 이야기를 나누어 봅시다.

Tip

　이 상담에서 내담자는 감정 조절의 어려움을 호소하고 있다. 상담자는 깊은 분석을 하기보다는 내담자의 대응 방식을 탐색하면서 내담자가 호흡관을 해 보도록 안내하고 있다. 내담자는 상담자의 안내를 금방 이해하고 스스로 해 볼 마음을 낸다. 이 과정에서 내담자는 진지하고 솔직하게 상담에 임하고 있다.

　문제 증상을 이야기할 때 곧바로 문제를 다루고 싶은 마음이 드는 것은 인지상정이라 하겠다. 하지만 내담자는 이미 수많은 책을 읽고 여러 가지 방법을 써 보면서 자신의 문제를 해결해 보려 한 경험이 있고, 만족할 만한 결과를 얻지 못했다. 이런 경우에 바로 문제를 해결하려고 시도하는 것은 또 한번의 실패를 경험하게 될 확률이 크다. 내담자의 사고방식을 그대로 가지고 문제를 해결하려 하다 보면 이전과 다름없는 길을 가기 쉽기 때문이다.

　그래서 상담자는 잠시 문제를 다루는 것을 접어 두고 내담자한테 호흡관부터 시작해서 셀프스캔을 안내한다. 자기를 성찰함으로써 문제의 영향권에서 벗어나 문제를 바라보도록 이끄는 것이다. 이는 내담자가 가진 습관적인 사고방식이나 대응방식을 멈추는 동시에 무슨 일이 어떻게 벌어지고 있는지 객관적으로 이해할 수 있게끔 새로운 방법을 시도해 보는 효과가 있다. 이런 과정을 거치면서 비로소 내담자는 자신도 모르게 묶여 있던 문제의 영향권에서 벗어나 여유를 회복할 수 있다.

2) 몸 스캔

몸은 구체적으로 느낄 수 있는 관찰 대상이다. 몸에 관심을 가지고 바라보면 여러 가지가 달라진다. 외모에 열등감을 갖고 있거나, 몸에 지나치게 집착을 하거나, 반대로 몸을 전혀 돌보지 않거나, 건강염려증처럼 작은 이상에도 크게 불안해하거나 하는 태도에 변화가 생기게 된다.

대부분의 사람은 자신의 생김새에 약간의 불만을 갖는 것이 보통이다. 그런데 자기가 어떻게 생겼는지 자세히 설명해 보라 하면 설명하기가 쉽지 않다. 불만 자체가 막연한 불만이기 때문에 그렇다. 있는 그대로 보면 크게 불만을 가질 것도 뽐낼 일도 없다. 사람마다 나름의 아름다움이 있는데, 사람들은 대중매체를 통해서 광고되고 선전되는 이미지와 비교해서 자신의 생김새에 불만을 가진다. 실제로 어떻게 생겼는지 자세히 살피지도 않고 그냥 '코가 너무 낮다.' '가슴이 너무 작다.' '너무 뚱뚱하다.' 하는 식으로 불만을 갖는다.

몸에 지나치게 집착하거나 반대로 전혀 몸을 돌보지 않는 양극단의 태도는 둘 다 몸에 진정으로 관심을 갖지 않는다는 공통점이 있다. 자기의 몸에 관심을 가지고 몸을 살피기 시작하면, 평소에 가지고 있던 생각이 사실과 많이 다르다는 것을 알게 된다. 대중적으로 심어진 이미지에 현혹되지 않고 그냥 있는 그대로 몸을 관찰하다 보면, 역설적으로 몸의 소중함을 실감 나게 느낄 수 있다. 그래서 불만이 사라지는 것이다.

몸을 스캔하는 요령은 호흡관을 하면서 몸에 관심을 두는 것이다.

호흡을 하면서 의식을 몸에 집중한다. 머리끝부터 발끝까지 단층촬영을 하는 것처럼 순서대로 집중하는 부위를 옮겨가며 살펴본다. 정수리, 이마, 눈썹, 눈, 미간, 코, 인중, 볼, 입, 턱, 뒤통수. 부위별로 살펴면서 머리 부분을 다 스캔하고, 어깨, 가슴, 배, 등, 팔, 손, 손가락, 허리, 아랫배, 성기, 엉덩이, 넓적다리, 무릎, 종아리, 발, 발등, 발바닥, 발가락 순으로 몸 전체를 차례대로 스캔한다. 관심을 집중하는 부위에 빛이 쏘인다는 느낌으로 의식을 모으면 된다.

이렇게 관찰하면서 묵직한 느낌이 들거나 고통이 느껴지는 부위가 있으면 집중적으로 더 강한 빛을 쬐어주는 듯 초점을 맞춘다. 이렇게 하면 웬만한 고통은 완화되는데, 워낙 고통이 심해서 완화되지 않으면 해당 부위에 손을 대고 호흡을 하면서 가만히 느껴보는 것도 좋은 방법이다. 몸에 이상이 있어서 아픈 것이 아니라 신경을 많이 써서 굳거나 긴장되어 있는 상태는 이런 방식으로 풀 수 있다.

긴장을 해서 몸이 굳어 있는데도 이를 알아차리지 못하고 신경을 다른 곳에 쓰노라면 몸은 비상사태에 들어가서 기의 흐름이 격해지고 곳곳이 막혀 버리고 만다. 이런 현상이 방치되어 오랜 시간이 지나면 신경통이 생기고 각종 심인성 질환에 시달리게 된다. 굳어가는 초기에 몸을 스캔하면 스캔하는 순간 긴장이 거의 다 풀린다. 그러나 오래된 긴장은 풀기가 쉽지 않다.

평소에 몸을 스캔하는 습관을 들여 두면 신경을 지나치게 써서 몸이 비상사태에 접어드는 순간 바로 조치할 수 있다. 자기 몸을 스스로 지켜내고 잘 유지—관리하는 셈이다. 호흡관에 익숙해져 있으면 몸을 스캔하는 것은 아주 쉽다. 긴장이 되거나 불안해지거나 할 때

심호흡을 하면서 차분하게 몸을 스캔하면 건강을 잃는 것을 방지할 수 있는데, 우리 몸이 본래 가지고 있는 치유 기능이 스캔으로 활성화되면서 건강 상태를 회복할 수 있기 때문이다.

몸을 스캔할 때 주의할 점이 있다. 절대로 시비 분별에 빠지지 말아야 한다. 자세나 동작이 바른지 지나치게 신경을 쓰거나, 몸이 잘못되지 않았을까 하는 걱정을 심하게 하면 스캔을 할 수 없다. 옳고 그름을 가리는 태도는 그 자체로 긴장을 일으키고 이완 상태를 유지할 수 없게 만든다. 힘을 빼고 다만 바라보는 데 집중하는 방법이 가장 좋다.

몸을 스캔하기 위해서 특별히 조용한 곳을 찾는다거나 여건을 갖추어야 하는 것은 아니다. 언제 어디서나 몸을 스캔할 수 있다. 그런데 처음 해 보는 사람은 주변 환경에 따라서 집중이 어려울 수도 있기 때문에 익숙해질 때까지는 일부러 조용한 곳에서 안전한 시간을 확보해서 꾸준히 연습하듯 해 보는 것도 좋은 방법이다. '명필은 붓을 가리지 않는다.'고 했지만 명필도 아닌 사람이 명필 흉내를 내면 곤란하지 않은가.

몸을 스캔할 때 자세는 상관이 없지만 몸이 너무 불편하거나 반대로 너무 편안하면 스캔을 유지하기 어렵다. 특히 초심자는 스캔에 집중할 수 있도록 자세에도 신경을 쓰는 것이 좋을 것이다. 누워서 편하게 하면 자칫 잠에 빠질 수 있고, 서거나 걸으면서 하려고 들면 자세히 머물면서 집중하기 어렵다. 그래서 앉아서 스캔하는 것이 무난하다. 너무 편하지도 불편하지도 않게 말이다.

자신의 몸을 시비 분별에 빠지지 않고 모든 선입견을 내려놓은 상태에서 있는 그대로 세세하게 바라보는 것이 몸 스캔이다. 호흡과 함께 몸을 스캔하는 습관을 길러두면 스캔만으로도 마음 건강을 회복하고 유지할 수 있다.

3) 감각 스캔

감각은 눈, 귀, 코, 혀, 피부라는 감각기관이 외부 자극과 만나면서 일어나는 느낌이다. 몸을 스캔하다 보면 몸과 외부 세계가 소통하는 감각기관에서 일어나는 일에도 관심이 가게 된다. 감각 스캔은 몸이 작용하는 가장 원초적인 활동을 알아차리는 것이다. 눈으로 보거나 귀로 듣거나 코로 냄새를 맡거나 혀로 맛을 보거나 피부로 촉감을 느끼거나 하는 감각 활동을 있는 그대로 바라보면서 느낌에 머무르는 것이 감각 스캔의 요령이다.

감각 스캔은 '오감 명상'이라고 이름을 붙일 수도 있다. 호흡관을 바탕으로 하되, 호흡을 알아차리는 것처럼 감각에 집중해서 알아차리는 방법으로 연습한다. '눈'과 '눈이 보는 작용'에 집중하고, 마찬가지로 귀, 코, 혀, 피부와 그 작용에 마음을 둔다. 가능한 신경을 집중해서 감각을 느끼다 보면 감각에 무뎌지거나 너무 예민해지는 극단적인 태도에 변화가 온다.

감각 스캔에서 주의할 것은 느낌에 지배당하지 말아야 한다는 점이다. 감각을 느낄 때 크게 세 가지의 느낌이 발생한다. 즐거운 느낌, 괴로운 느낌, 무덤덤한 느낌이 그 세 가지다. 감각에 주의를 기울이지 않으면 거의 자동적으로 즐거운 느낌은 계속 가지려 하고, 괴로운

느낌은 피하려 하며, 무덤덤한 느낌은 그냥 별 관심 없이 방치하곤
한다.

느낌에 자동 반응을 하는 것은 느낌에 지배당하는 것이라 할 수 있
다. 그런데 감각에 자동으로 반응하지 않고 감각을 알아차려서 자유
의지에 따라 감각을 활용하려는 것이 감각을 스캔하는 목적이다. 만
약 감각에 따라 자동으로 반응하는 습관이 생기면 자유의지는 설 자
리를 잃고 만다. 그래서 감각에 지배당하지 말고 자유의지로 감각을
쓸 줄 알아야 자유롭다고 할 수 있다.

어떻게 감각의 지배에서 벗어나는가? 감각을 살펴야 한다.

즐거운 느낌일 때에는 그 느낌을 지속하고 싶어지기 마련이다. 그
러나 같은 자극이 되풀이되면 점점 느낌이 무디어지는 경향이 있다.
그래서 좋은 느낌은 처음에는 좋다가 갈수록 둔감해진다. 결국 즐거
운 느낌에 집착하면 할수록 점점 실망하고 허무해지기 쉽다. 언뜻 생
각하기에는 즐거운 느낌이 좋을 것 같지만, 이런 원리 때문에 즐거운
느낌이 들 때 오히려 집착하지 않도록 조심해야 한다.

괴로운 느낌이 들 때에는 보통 피하고 싶어진다. 그 느낌을 외면하
거나 거부하려고 한다. 그런데 괴로운 느낌이 꼭 해로운 것만은 아니
다. 예를 들어서 운동을 할 때 숨이 차거나 근육이 긴장되는 것만은
더 건강해지는 과정일 수 있는데, 느낌 자체는 괴롭다. 만약 괴로운
느낌을 자동으로 피하거나 거부해 버린다면 목표를 정하고 그 목표
를 이루고자 노력하는 과정에서 겪는 고비를 넘지 못할 것이다. 때로
는 괴로운 느낌을 기꺼이 받아들여야 한다.

무덤덤한 느낌이란 괴롭거나 즐겁거나 하지 않은 상태다. 이런 상

태에서 '어떤 느낌이세요?' 하고 질문을 받으면 '잘 모르겠어요.' 또는 '아무런 느낌이 없어요.' 라고 대답하게 된다. 하지만 이 상태가 아무런 느낌이 없는 것은 아니다. 느낌을 살피지 않았거나 여러 가지가 섞여 있어서 분명하게 느껴지지 않는 복잡한 상태라 보는 것이 더 정확하다. 느낌을 알지 못하면 감각이 보내는 신호에 적절한 대응을 하기 어렵다.

즐거운 느낌이 들 때에는 그 감각에 충분히 머물러 보는 것이 좋다. 다만 집착이 일어나지 않도록 주의하면서 온전하게 현재의 감각에 집중하라는 말이다. 충분히 느낄수록 여운이 덜 남는다. 배불리 먹으면 배고픔은 사라지는 것처럼 즐거움을 충분히 느끼면 아쉬움이나 미련은 생기지 않는다. 충분히 느낀 다음엔 마음을 초기화하는 것이 필요하다. 즐거움에 익숙해지지 말라는 말이다. 익숙해지면 둔감해지기 때문이다. 호흡을 하면서 마음을 비워두는 것이 마음을 초기화하는 요령이다.

괴로운 느낌이 들 때에는 피하거나 거부하지 말고 그 느낌을 오히려 더 자세히 살피는 것이 좋다. 짜증을 내거나 싫은 마음이 일어나지 않도록 주의하면서 괴로운 느낌을 가만히 살피다 보면 어느새 그 느낌이 사라지곤 한다. 비유를 들자면 태풍의 중심부가 오히려 고요한 것처럼, 괴로운 감각의 중심으로 들어가 보면 그 감각이 비상 신호 같은 것임을 알게 된다. 괴로운 감각은 긴급 구조 요청과 같다. 예를 들자면 낭떠러지 끝에서 두려움을 느끼면 뒤로 물러서게 된다. 이때 느끼는 두려움은 위험을 알리는 신호 반응이다. 괴로운 감각은 경보 체계와 같다.

무덤덤한 느낌일 때에는 호흡과 함께 이완을 하면서 몸을 스캔하는 방식으로 다시 처음부터 시작해 보는 것이 좋다. 무덤덤하다는 것은 감각에 무지하다는 것이다. 감각에 관심을 가지지 않았거나 심정이 복잡해서 감각을 알아차리지 못할 때 덤덤한 느낌을 갖게 된다. 온갖 잡초가 무성한 밭에서 자라는 작물은 제대로 생장하기 어렵다. 이처럼 온갖 잡념으로 혼잡한 마음으로는 상황에 적절한 행동을 하기 어렵다. 잡초를 뽑아야 원하는 작물을 기를 수 있듯이, 감각을 선명하게 느낄 수 있어야 적절한 상황 대처가 가능하다.

즐거움은 느끼되 집착하지 말고, 괴로움은 기꺼이 자세히 살피고, 덤덤함은 호흡부터 다시 하면서 감각에 집중하는 것이 감각을 스캔할 때 필요한 요령이다. 감각을 알아차림으로써 외부 환경이나 상황의 변화에 적절하게 대응할 준비를 갖출 수 있다. 감각 스캔은 '외부 세계와 만나는 통로를 닦는 일'이다.

4) 마음 스캔

마음을 정의하긴 어렵다. 감정이나 생각 또는 깊은 잠재의식에 이르기까지 그 범위가 크고 넓어서 마음을 '이것이다' 하고 정하기 쉽지 않다. 실제로 마음이란 말은 다양한 맥락에서 아주 다르게 쓰이곤 한다. 그래서 마음 스캔을 이야기하려면 먼저 마음을 정의하고 들어갈 필요가 있다.

몸과 감각을 스캔하는 과정은 앞에서 다루었기 때문에 이와 구분되는 것으로 마음 스캔을 이야기할 때, 감각을 느낀 이후부터 깊은 잠재의식까지를 포함하는 심리 과정을 마음이라 정할 것이다. 감각 이후에 지각—인식, 판단—결정하는 과정이 내면에서 이어지고, 그 과정에서 잠재의식과 현재의식이 서로 영향을 주고받는다. 마음 스캔은 현재의식과 잠재의식 모두에 해당된다.

현재의식이란 드러난 의식이다. 마음을 차분히 하고 가만히 살펴보면 알 수 있는 의식을 말한다. 사실을 판단하고 분류하고 결정하고 의지를 갖는 것과 같은 작용은 현재의식의 활동이다. 흔히 말하는 '생각하는 능력'이 현재의식이 담당하는 일이다. 합리적이고 현실성 있는 생각을 할 줄 안다는 것은 현재의식이 제 기능을 하고 있다는 뜻이다.

잠재의식은 의식의 수면 아래에 잠겨 있는 의식이다. 무의식이란 말도 쓰는데, 이는 의식 수준에서 보았을 때 발견할 수 없고 알 수 없는 것이라서 의식과 대비되는 말로 쓰는 경우다. 하지만 잠재의식은 최면이나 자유연상 같은 다양한 방식으로 존재가 밝혀졌다. 없는 것이 아니라 자각의 수면 아래로 잠겨 있는 것이기 때문에 잠재의식이라 부르는 것이 온당하다.

스캔을 하다 보면 스캔의 깊이가 달라지게 마련이다. 호흡을 하고 마음을 모아서 의식에 집중하다 보면 현재의식은 쉽사리 볼 수 있다. 자각의 수면 위에 있는 것이라 관심만 가지면 보이기 때문이다. 일으키는 생각과 그에 따른 감정 그리고 결단을 하거나 선택을 하는 의지까지도 조금만 집중하면 곧바로 볼 수 있다. 이때에도 역시 선입견이나 고정관념에 영향을 받지 않도록 주의해야 한다. 어떤 마음이 일어나더라도 그에 따르거나 거부하지 말고 다만 그냥 바라보는 태도를 유지해야 한다. '다만 바라볼 뿐' 평가를 하거나 취사선택을 하지 않는다.

일어나는 현재의식을 그냥 바라보기만 하고 있으면 마음이 생기고 유지되고 변해서 사라지는 전 과정이 영화처럼 보일 것이다. 경험되는 생각이나 감정에 몰입하기보다는 한걸음 떨어져서 바라보는 데 마음을 더 두는 것이 요령이다. '경험'과 '관찰' 가운데 관찰에 더 무게를 둔다는 말이다. 이렇게 하다 보면 관찰의 깊이가 달라지면서 현재의식 아래에 잠겨 있던 잠재의식이 자각의 수면 위로 올라오게 된다.

마음 스캔의 핵심은 잠재의식을 통찰해 가는 것이다. 흘러가는 물을 바라보면 처음에는 그냥 물만 보이다가 차츰 물결이 보이고 물속에 고기도 보이고 바닥에 있는 자갈이나 모래의 움직임까지 보인다. 마음 스캔을 하고 있으면 처음에는 표면의 현재의식이 보이고 차츰 그 속에 있는 잠재의식이 정체를 드러내기 시작한다. 이때 주의를 집중해서 스캔을 유지하면 깊이 잠재되어 있던 미세한 마음까지도 마치 현미경으로 보듯 생생하게 볼 수 있게 된다.

안 보이던 마음을 보고 알아차리는 것을 '통찰'이라 한다. 호흡관에서 꿰뚫어 보기 단계에 이르러야 호흡관을 완성하는 것이라 했는데, 꿰뚫어 보기가 바로 통찰이다. 마음 밑바닥까지 통찰하게 되면 자기를 온전히 이해한 것이라 봐도 된다. 도를 닦는 많은 사람들이 그토록 간절히 바라는 경지가 바로 마음 밑바닥을 통찰하는 것이다. 이 경지에서는 마음이 어떤 것에 묶여 있지 않아서 자유롭게 된다.

그런데 잠재의식까지 미치지 못하는 마음 스캔은 별 쓸모가 없을까? 그렇지 않다. 현재의식이라도 있는 그대로 볼 줄 알면 선입견이나 고정관념에 끌려가는 일이 눈에 띄게 줄어든다. 현실성이나 합리성이 없는 생각을 바로 알아차리게 되어서 스스로 고칠 수 있는 기회가 커지기 때문이다. 시험을 치고 나서 틀린 문제를 연구하면 다음에 덜 틀릴 수 있는 것처럼 자기 생각을 있는 그대로 볼 수 있으면 치우치거나 모순된 점을 고치기 쉬워진다.

마음 스캔은 더 깊이 자각하는 과정이다. 자각을 더 깊이 하려면 그만큼 파고드는 힘이 있어야 한다. 그러면서도 객관성이나 합리성을 잃지 않아야 하기 때문에 특히 마음이 치우치거나 빠져들지 않도록 주의해야 한다. 정성을 들여 살피면서도 한걸음 떨어져서 바라보는 태도를 유지하는 것이 좋은 요령이다.

5) 원리 스캔

셀프스캔의 끝은 자기를 둘러싼 세상을 온전히 이해하는 것이다. 셀프스캔이라 해서 스캔 대상이 자기에게만 국한되는 것은 아니다. 사실상 자기라는 영역은 명백히 구분될 수 없다. 예를 들어 보자. 숨을 쉬고 있는 동안 외부의 공기와 내부의 공기가 교환된다. 이때 공기가 어디까지 들어왔을 때 내 것이 되는 것일까? 공기 분자의 흐름을 가만히 추적해 보면 호흡을 하는 동안 공기는 우리 몸 안팎을 자유롭게 다닌다. 몸속에 있는 순간에도 공기 분자는 내 것이 아니다.

음식을 먹을 때에도 마찬가지로 내 영역과 밖의 영역이 명확하게 구분되지 않는다. 음식이 몸 안으로 들어와 소화되는 과정에서 어느 지점을 짚어서 밖의 물질이 안의 몸이 되었다고 할 수 있는가? 이처럼 나와 세상이 만나는 그 지점에서 나와 세상의 경계가 뚜렷하게 구분되지 않는다는 것은 어떤 의미일까? 내가 세상의 일부이며 나와 세상은 분리되어 있지 않다는 뜻이다. 결국 나를 온전히 알려면 세상을 알아야 한다는 말이 된다.

물은 위에서 아래로 흐르고 불은 다른 것을 태우면서 퍼지는 성질이 있으며, 흙은 식물을 지탱하고 영양분을 공급해서 자라게 해 주고 바람은 공기의 압력 차이로 생겨서 다른 물질들을 움직이게 하는 힘이 있다. 그런데 우리 몸에는 물성분이 많고, 불기운이 있어 체온이 일정하게 유지되며, 흙에서 자란 음식물을 재료로 형성된 뼈나 신경, 근육들이 몸체를 지탱해 주고, 몸을 움직이는 데 바람의 기운과 같은 에너지가 필요하다. 이처럼 자연에 존재하는 것들이 우리 몸에도 그대로 스며들어 있다.

또한 몸과 마음 그리고 외부 환경이 서로 긴밀하게 연결되어 맞물려 돌아가기에 생명 활동이 유지될 수 있다. 소화 기능, 호흡 기능, 면역 기능, 자기 치유 기능들이 생명 활동에 필요하다. 몸은 물질로 이루어져 있기에 물리적인 원리에 영향을 받고, 동시에 생명이 있기에 생물학적인 원리도 작용한다. 그런데 물질은 에너지를 안정화시키려는 경향이 있고, 생명은 자유도를 활성화하느라 에너지를 활발하게 쓰려는 경향이 있다. 이런 상반되는 경향을 동시에 가지고 있어서 물질인 몸과 생물체인 몸은 서로 함께 움직이기도 하고 반대로 움직이기도 한다.

더구나 사람에겐 마음이라는 정신 활동도 있어서 몸은 마음에 영향을 주고 마음도 몸에 영향을 준다. 몸 자체도 물질과 생물이라는 양면성을 동시에 가지고 있는 데다가 마음이 더해지니 그 활동이 만만치 않다. 마음은 잠시도 쉬지 않고 변화무쌍한 모습을 보인다. 익숙한 것을 찾기도 하고 새로운 것을 찾기도 한다. 피곤해서 쉬고 싶어 하기도 하고 심심해하면서 무언가 재미있는 것을 찾기도 한다. 소속감을 느끼고 싶어 하다가도 속박에서 벗어나 자유롭고자 한다.

물질의 세계, 생명의 세계, 정신의 세계, 더 나아가 영혼의 세계에 이르기까지 사람은 모든 영역을 다 가지고 있는 존재다. 그래서 자신을 둘러싼 세상을 온전히 이해해야 셀프스캔을 완성했다고 할 수 있다. 자기와 세상이 뚜렷이 분리될 수 없기 때문이다.

세상의 원리를 스캔하는 요령은 어떠할까? 몸, 감각, 마음을 스캔하는 것과 다르지 않다. 세상에는 수많은 주장과 이론이 있다. 이 가운데 어떤 것은 진실이고 어떤 것은 거짓이다. 그런데 문제는 진실과 거짓이 두부 자르듯 뚜렷이 갈라지지 않는다는 것이다. 특히 선택과 결정의 영역에서는 정답이라 할 수 있는 것이 정해져 있지 않다. 그럼에도 불구하고 사람은 매 순간 선택과 결정의 기로에 놓여 있다.

진실과 거짓이 분명하지 않은 상황에서 어떤 선택과 결정이 좋을지 간단히 정할 수 없기 때문에 세상이 돌아가는 이치를 있는 그대로 충분히 알아야 할 필요가 있다. 이때 원리 스캔이 필요하다. 어떤 기준으로 선택하고 결정할 것인가? 원리를 스캔하는 연습이 되어 있지 않으면 정말 어리석은 판단과 결정을 하고 만다.

원리 스캔에 필요한 집중력과 판단력은 제대로 된 방법을 통해서 충분히 키울 수 있다. 지금까지 이야기한 호흡관과 스캔의 요령을 충실히 익히고 꾸준히 노력하면 원리 스캔을 어렵지 않게 할 수 있다.

몸, 감각, 마음을 스캔해서 발견하는 것처럼 원리도 같은 요령으로 발견할 수 있다.

편의상 셀프 스캔의 대상을 몸, 감각, 마음, 원리로 나누었지만, 정해진 순서가 있는 것은 아니다. 사실상 네 가지 스캔은 서로 보완하는 것이다. 원리를 제대로 이해했을 때 몸과 감각, 마음이 조화와 균형을 유지하면서 쾌적한 느낌을 갖게 된다. 원리를 잘못 이해했을 때에는 몸이나 감각, 마음에 탈이 난다. 어느 한 가지 스캔을 제대로 한다는 것은 다른 대상을 스캔하는 활동과 긴밀한 연관이 있다. 하나가 잘 되어야 전체가 잘 되고 전체가 조화를 이루어야 한 가지 스캔이 제대로 되는 것이다.

03 셀프스캔 심리상담이란

셀프스캔 심리상담이란 셀프스캔을 적용하는 심리상담이다. 우리 말로 하자면 '자기성찰 심리상담'이 된다. 이를 줄여서 자성(自省)상담 이라고 부르겠다. 군이 이론적으로 분류하자면 모든 상담이론을 하 나의 체계로 엮어서 접근하는 통합형 상담 방법이라 할 수 있다.

1. 정 의

셀프스캔(자기성찰) 심리상담이란 '도움이 필요한 내담자가 준비를 갖춘 상담자의 안내와 지도를 받으며 셀프스캔(자기성찰)을 함으로써 심리 치유와 자기 성장을 이루려는 통합적인 상담 활동'이다.

이 정의에는 자성상담의 구성 요소와 목적, 그리고 접근 방법이 들어 있다. 하나하나 살펴보도록 하자.

1) 구성 요소

자성상담은 내담자, 상담자 그리고 셀프스캔이라는 세 가지 요소로 구성된다. 내담자는 '도움이 필요해서 상담하러 찾아온 사람'이고, 상담자는 '셀프스캔을 안내할 수 있는 능력과 태도를 갖춘 준비된 전문가'이며, 셀프스캔은 '상담자와 내담자가 함께 힘을 모아 협력하는 활동'이다.

일반적인 심리상담의 내담자와 자성상담의 내담자는 본질적으로 다르지 않지만, 자성상담을 원활하게 하기 위해 내담자에게 요구되는 점이 있다. 자성상담을 하는 내담자는 자기를 살필 수 있는 능력이나 자세를 가지고 있어야 하며, **자발적으로 상담 과정에 참여해야** 한다. 마음을 찾고 알고 다루고 나누는 과정에서 자기를 살피는 태도는 아주 중요하기 때문이다. 한마디로 말해서 자기성찰이 되지 않는 내담자는 자성상담이 어렵다.

내담자는 또한 자발적으로 상담 과정에 함께 해야 하는데, 이는 일반적인 심리상담과 마찬가지다. 자발성이 떨어지면 그만큼 자기책임성도 부족하고 의욕도 내기 어렵다. 본인은 원치 않는데 의무적으로 상담을 해야 하거나 전혀 필요성을 느끼지 않는데 주변의 강요로 마지못해 상담을 하게 되면 상담 효과를 기대하기 어렵다.

그렇지만 처음부터 내담자가 자기성찰의 필요성을 알고 자세를 갖추고 상담을 하러 와야 한다는 것은 아니다. 어려움을 느껴서 도움을 청하러 왔든지, 자기 성장을 위해서 도움을 받고자 왔든지, 상담자에게 과도한 비현실적 기대를 가지고 왔든지, 별생각이 없이 찾아왔든지 상관없이 일단 상담이 진행되는 과정에서는 자기성찰의 자세와 과정이 안내되고 자연스럽게 진행될 수 있다.

자성상담에서 내담자는 나름 절박한 심정으로 잘 모르고 상담을 하러 왔다가도 상담자의 친절한 안내와 지도를 받아가며 자기를 성찰하고 스스로 문제를 해결해 가는 경험을 하게 된다. 자기성찰의 중요성과 효과를 인정하고 받아들일수록 상담 효과는 그만큼 더 좋아질 것이다.

상담자는 내담자가 셀프스캔을 할 수 있도록 안내하고 지도한다. 심리학과 명상을 공부하고 자기수행을 통해서 쌓은 내공으로 내담자를 셀프스캔으로 인도한다. 이를 위해 상담자는 셀프스캔 과정에 숙

달되어 있어야 하고 내담자를 안내하고 지도할 수 있는 역량을 갖출 필요가 있다. 물론 상담자 스스로 셀프스캔을 일상화하고 자연스럽게 몸에 익혀 두어야 함은 말할 필요도 없겠다.

상담 초기에 내담자는 어떤 식으로 상담에 임해야 하는지 알지 못하는 경우가 대부분이다. 그래서 상담자는 내담자의 이야기를 경청하면서 자연스럽게 셀프스캔의 필요성을 내담자에게 이해시켜야 한다. 얼마나 자세하게 안내하고 지도할지는 내담자의 수준이나 준비성에 따라 다르다. 어떤 경우에는 손에 쥐여주듯 자세하게 해야 할 경우도 있고, 어떤 경우에는 그냥 원리만 이야기해 주어도 충분할 경우도 있다.

상담은 내담자가 셀프스캔을 이해하고 실제로 실천해 가면서 상담 시간에 경험을 이야기하고 상담자의 점검과 안내를 받아 가며 진행된다. 상담자는 내담자가 풀고자 하는 문제와 셀프스캔의 관련성을 이해시키고, 내담자가 스스로 셀프스캔을 통해서 문제를 풀어 갈 수 있게끔 안내한다. 셀프스캔이 되지 않는 상담은 내담자가 계속 상담이나 상담자에 의존하도록 하거나 피상적인 상담이 되거나 그냥 급한 불만 끄고 마는 상담으로 그칠 위험이 크다.

셀프스캔은 자성상담에서 없어서는 안 되는 알맹이다. 상담이란 것은 어느 정도 의존적인 관계가 형성되었다가 상담 목표를 달성하면서 다시 독립적인 관계로 돌아가는 과정을 거친다. 이 때 상담 효과가 내담자에게 제대로 내면화되어야 다시 독립할 수 있는데, 특히 이 과정에서 셀프스캔은 아주 훌륭한 방법이 된다. 물론 문제를 보는 관점, 해결을 위해 노력하는 과정에서도 셀프스캔은 핵심적인 요소다.

2) 목 적

자성상담은 심리 치유와 자기 성장을 목적으로 한다.

내담자는 자기를 있는 그대로 보고 알게 되는 과정에서 자연스럽게 심리적인 문제가 치유되고 이기적인 자아에서 벗어나면서 성장하게 된다. 상담의 목적은 단지 치유에 그치는 것이 아니라 자기를 성장시켜서 건강하고 행복하게 살아갈 수 있도록 돕는 것까지 포함해야 한다.

비유를 들어 살펴보자. 다리를 심하게 다친 사람이 회복될 때까지 목발을 짚고 다니다가 다 회복되면 목발을 버린다. 이것이 치유 과정이다. 치유가 끝났다고 해서 이 사람이 할 일이 없는 것은 아니다. 건강한 다리를 잘 써서 건강하게 살아가는 일이 남아 있다. 다시 다치지 않으려면 무엇을 조심해야 하는지, 다리를 튼튼히 하려면 어떻게 해야 하는지 알아서 꾸준한 운동을 통해 이 일을 해내야 한다. 이렇듯 다리의 힘을 기르고 기능을 향상시키는 것이 자기 성장 과정에 해당된다.

심리 치유는 내면의 갈등과 혼란을 정리해서 평온함을 되찾는 과정이다. 실연을 당하거나 직장을 잃거나 시험에 떨어지거나 배신을 당하거나 해서 생긴 흥분과 흔들림을 잘 다스려서 본래의 평온함으로 회복시키는 과정이 심리 치유다. 환경적인 위험이나 내면 욕구가 좌절되면서 생긴 괴로움을 다스린다.

그런데 인간에게는 자기 치유 능력이 있다. 셀프스캔을 통해서 자연스럽게 자기 치유 능력이 활성화되도록 하면 마음의 혼란은 자연스럽게 가라앉는다. 여러 가지 심리적인 문제도 셀프스캔 과정을 통해서 해결할 수 있다. 신경을 과도하게 쓰거나 반대로 너무 둔감하거나 하는 경우에는 마음이 제 기능을 하기 어렵다. 이때 셀프스캔을 통해서 적절한 정도로 신경을 쓰게끔 조화와 균형을 회복할 수 있다.

심리 치유가 마음을 제대로 쓸 수 있도록 준비시키는 과정이라면, 자기 성장은 좀 더 나은 인생을 위해 나아가는 과정이다. 세상은 끊임없이 변한다. 변하는 세상 속에서 자기 발전이 없다면 불균형과 부조화가 생긴다. 변하는 세상에 발맞추어 원만하고 행복한 삶을 살려면 날마다 자기 성장을 할 필요가 있다.

인간에게는 더 알고자 하고 더 발전하고자 하는 성장 욕구가 있다. 그래서 어제와 오늘과 내일이 같으면 심심해지는 것이다. 셀프스캔을 하면서 자신을 알아가게 되는 과정은 마치 미지의 세계를 자유롭게 여행하는 경험과 비슷하다. 이 과정에서 자신의 잠재력을 발견하게 되고 자연스럽게 잠재력을 실현하기 위한 노력을 한다. 이 노력으로 좁은 마음이 넓어지고, 작은 마음이 커지며 성취감과 보람을 얻게 된다.

자기 성장은 '날마다 새로워지는 과정'이다. 어제 몰랐던 것을 오늘 알고, 어제 못 했던 것을 오늘 할 수 있고, 어제 가지지 못했던 느낌을 오늘 가지게 되는 것이 자기 성장 과정이다. 자성상담에서는 상담의 목표를 단지 문제를 해결하는 데에만 두지 않는다. 자성상담은 내담자가 원하는 삶을 살아갈 수 있게끔 자기 성장의 방향으로 안내한다. 원하는 것을 이루기 위해서는 그에 합당한 능력을 길러야 한다. 내담자는 셀프스캔을 통해서 자기성장에 눈뜨고 자연스럽게 성장 방향으로 나아가려는 의욕이 생긴다.

3) 접근 방법

자성상담은 통합적인 접근 방법을 쓴다. 통합적이라 함은 여러 가지를 그냥 섞어서 쓰는 것을 말하지 않는다. 그냥 섞어 버리면 통합이 아니라 혼합이다. 통합이란 여러 가지를 모아서 하나의 체계로 결합하는 것이다. 이것저것 마구잡이로 섞어서 쓰는 것이 아니라 각각의 요소가 조화를 이루면서도 나름의 역할을 해야 제대로 통합이 되었다고 할 수 있다.

자성상담은 기존의 상담이론을 셀프스캔이라는 과정과 체계로 통합해서 쓴다. 내담자가 느끼는 문제를 객관적으로 파악하고 내담자와 공유하는 단계에서는 정신분석의 자유연상, 행동수정의 행동 관찰, 인지상담의 습관화된 사고방식 파악, 인간중심 상담의 촉진적 분위기 조성을 결합해서 사용한다.

다음으로 파악된 문제를 깊이 이해하고 분석하는 단계에서는 심리 내면의 숨겨진 충동과 동기들을 직면하고 해석하거나(정신분석), 습관화된 행동 패턴을 파악하고 그것이 어떻게 형성되어 유지되는지 밝히거나(행동수정), 문제에 깔려 있는 비합리적 사고를 밝혀내거나(인지상담), 이상적인 자기를 좇는 것이 어떻게 괴로움을 발생시키는지 이해하는 데(인간중심 상담) 각각의 접근 방법들이 활용될 수 있다.

마지막으로 대안을 찾아 문제를 해결하고 자기 성장으로 나아가려는 단계에서는 주로 자아초월 상담의 접근 방법을 활용한다. 상황에 제대로 적응하거나, 반대로 상황을 변화시키려 할 필요가 있을 때에는 전체적인 맥락 속에서 자신과 상황을 연관 지어 해법을 찾아내어야 한다. 이때 자아초월 관점이 아주 쓸모가 많다. '새 술은 새 부대에'라는 말처럼, 이미 익숙해진 사고방식이나 행동방식으로는 변화나 성장에 한계가 있을 수밖에 없다. '적응에 힘쓸 것인지' '초월하려 할 것인지' 잘 판단해서 방향을 잡아야 한다.

자성상담의 접근 방법을 요약해 보자면 다음과 같다. 솔직성, 긍정 수용, 공감 이해라는 인간중심 상담의 촉진적 관계 형성 방법을 사용해서 개방적이고 안전한 분위기를 조성해서 셀프스캔을 위한 토대를 만들고, 이를 바탕으로 인지행동 상담과 정신분석 기법을 적극 활용해서 셀프스캔을 실행한다. 여기에 자아초월 상담의 관점에서 전체적인 맥락을 파악하고 치유와 성장의 방향을 잡아 실행한다. 이런 과정에서 내담자는 스스로 자기를 보고 문제를 해결하며 자기 성장으로 나아가는 체험을 하게 된다.

한마디로 말해서 자성상담은 인간중심 상담으로 환경을 조성하고, 인지행동과 정신분석으로 셀프스캔을 수행함으로써 문제를 파악하고 깊이 이해하며, 자아초월 방식으로 치유와 성장을 향해 나아가는 접근 방법을 쓴다. 이러한 전체 과정에 셀프스캔이 밑바탕이 되고 중심이 되어 통합과 수행을 해 나간다.

2. 특 징

자성상담은 심리상담의 한 가지이면서도 일반 심리상담과 몇 가지 면에서 다른 특징을 가진다.

1) 상담 환경에 제약을 받지 않는다.

일반 심리상담은 보통 상담실이라는 환경에서 진행된다. 상담실은 외부와 차단되고 방해받지 않는 환경이다. 이런 환경에서 내담자는 자신의 비밀스러운 사적인 이야기를 안심하고 꺼내 놓을 수 있다. 시끄럽거나 방해를 받는 환경에서는 집중이 어렵고 산만해질 위험이 크다. 그래서 일반 상담은 방음도 되고 외부와 격리된 안전한 공간을 필요로 한다.

하지만 자성상담은 굳이 닫힌 공간에서 할 필요가 없다. 일어나는 마음을 살피고 관심을 두는 것이 핵심이기에 환경의 제약을 크게 받지 않는다. 설사 시끄러운 곳이라 하더라도 그때 일어나는 마음을 보고 주목하면 된다. 상황과 여건에 따라 일어나는 마음을 성찰하는 것이 다 상담에 도움이 된다. 그렇지만 좀 더 깊이 있는 내면의 이야기를 나눌 때에는 일반 심리상담과 마찬가지로 안전하고 외부와 차단된 독립 공간이 필요하다.

마음은 걷거나 머물거나 앉거나 눕거나 말을 하거나 침묵하거나 움직이거나 멈추어 있거나 항상 일어난다. 마음이 일어나면 셀프스캔은 가능한 것이고, 오히려 여러 가지 상황에서 다양하게 일어나는 마음을 살피는 것이 상담의 소재가 되어서 더 풍부한 상담을 할 수도 있다. 굳이 상담 시간이 아니더라도 자성상담은 생활 속에서 얼마든지 진행될 수 있다.

2) 분야나 영역에 구애받지 않는다

우리는 보통 무엇을 이해할 때 어떤 범주에 넣어서 이해하려는 경향이 있다. 이것이 심리학 분야인지 명상 분야인지, 아니면 도를 닦는 행위인지 구분하려고 한다. 일반 심리상담은 심리학 가운데 응용심리학 분야로 분류될 수 있다. 그리고 여기에 심리학적인 학설이나 심리학의 연구 결과를 응용하면서 상담이 진행된다. 사주팔자나 점성술, 또는 각종 마음수련은 심리상담의 영역에서 벗어난 것으로 여긴다. 그래서 정통과 비정통을 나누고 정통이라는 자부심을 갖기도 한다.

하지만 자성상담은 굳이 영역이나 분야를 가릴 필요가 없다. 자기를 있는 그대로 알고 다스리며 치유하거나 성장하는 데 도움이 되는 것이라면 꺼리거나 마다할 이유가 없다. 기법이나 방법 면에서 열려 있는 구조다. 심리상담 분야에서도 미술치료나 연극치료 또는 음악

치료 같은 부분은 전문화된 특별한 방법을 사용하면서 언어 위주의 상담을 보완한다. 자성상담에서는 심리학과 명상의 성과들을 주저 없이 활용하면서 내담자에게 최선의 길을 모색한다.

자성상담은 열려 있는 접근 방법이다. 그렇지만 아무렇게나 아무 것이나 다 끌어모아서 쓰는 것은 아니다. 셀프스캔이라는 확실한 방향과 방침이 있다. 셀프스캔에 유용한 방법을 필요에 따라 쓰는 것이지 그냥 이것저것 기웃거리지 않는다. 만약 아무런 원칙이나 방침이 없이 그냥 다 갖다 쓴다면 오히려 혼란이 커질 것이다.

인간의 인생은 그 자체가 미완성이라고 할 수 있다. 그렇기에 인간의 행복을 위해 애쓰는 활동 또한 계속 변화하고 발전해야 한다. 사람마다 다 나름의 세계를 가지고 있기 때문에 열린 구조를 가지고 있지 않으면 아주 제한적인 도움밖에 주지 못하거나 사람을 규격화하는 오류를 범할 위험도 있다. 그래서 자성상담은 완결된 구조를 가지지 않고 새로운 것을 받아들이면서 진화하고 발전하고자 한다.

3) 처음부터 끝까지 내담자가 독립성을 가지도록 권장된다

일반 심리상담에서는 내담자보다 상담자가 주가 되어 일정 부분 일정 기간 의존적인 관계를 맺는다. 문제를 보는 안목이나 판단력 면에서 내담자보다 상담자가 더 나은 능력을 가지고 있다고 보기 때문에 내담자는 상담자를 의지하기 마련이다. 상담자는 내담자의 의존을 문제를 해결하고 상담 과제를 완수하는 데 도움이 되게끔 활용한다. 그래서 일시적으로 내담자가 의존하는 것을 허용하는 경향이 있다.

물론 자성상담도 크게 다르지 않을 수 있다. 하지만 자성상담에서는 처음부터 끝까지 내담자가 스스로 자기를 살피고 해답을 찾고 계획을 세워 실천함으로써 문제를 풀게끔 안내한다. 자기 마음은 자기가 가장 잘 느끼고 알 수 있는 것이기 때문에 내담자의 셀프스캔 과정은 내담자가 가장 큰 권위를 가진다. 상담자는 내담자의 마음 여행에 이정표나 나침반 역할을 할 뿐이다.

상담자는 셀프스캔을 어떻게 하는지 알려주고 점검하면서 지도하는 일을 하지만, 이는 어디까지나 내담자가 스스로 셀프스캔을 하도록 안내하는 것이지 의존적인 관계를 가지는 것은 아니다. 마치 여행지에서 가이드가 길을 안내하지만 여행자들이 가이드에게 의존하는 것이 아닌 것과 같다.

사실 내담자의 독립성은 아주 중요한 요인이다. 스스로 판단하고 선택했을 때 참여도도 높아지고 책임성도 확실히 느끼게 된다. 자성상담은 내담자가 자기성찰을 통해서 자기를 발견하도록 하는 접근방법을 쓰기 때문에 상담의 전 과정에서 내담자가 독립성을 갖도록 권장한다. 제대로 안내가 된다면 어느 수준에 이르러서는 내담자가 스스로 자가상담을 할 수도 있다는 장점이 있다.

3. 기 법

    자성상담은 기법을 쓰는 면에서 통합적이라 할 수 있다. 정신분석, 인지−행동 상담, 인간중심 상담, 자아초월 상담의 기법뿐 아니라, 호흡관을 비롯한 여러 가지 관법이나 수행 방법, 심지어 기도까지도 상황에 따라 적절하게 사용한다. 셀프스캔을 기본으로 해서 심리상담 기법으로 상담을 진행해 가면서 수행 방법으로 방향을 제시하고 기도와 명상 방법을 통해 내공을 다지도록 안내한다.

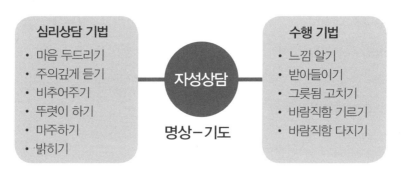

[그림 3-1] 자성상담 기법

1) 심리상담 기법

상담심리학의 상담 기법은 주로 내담자가 충분히 자신의 이야기를 할 수 있도록 하고 자신의 생각을 객관적으로 바라보도록 하는 데 도움이 되는 방편이다.

(1) 마음 두드리기(질문)

정말로 하고 싶은 이야기를 나누면 뿌듯한 보람이 남는다. 그런데 분위기가 너무 심각해도 대화하기가 어렵고, 너무 가벼우면 진지한 이야기를 하기가 어렵다. 진정으로 관심을 기울이며 정성을 쏟는 자세를 유지하면 뿌듯한 보람이 남는 대화를 할 수 있다.

상담을 하려면 내담자의 마음을 열 수 있어야 하고, 마음을 여는 이야기를 나누려면 먼저 서로 인격을 존중하고 상대의 생각, 느낌, 의견을 일단 받아들이려고 애써야 한다. 진심으로 정성을 다해서 상대의 마음을 두드릴 때 마음을 여는 대화를 할 수 있다.

솔직하고 진지한 자세로, 무조건 긍정하여 받아들이고, 기분을 알아주면 더 깊은 마음을 나눌 수 있다. 이런 마음가짐으로 대화에 임하면 상대방도 차츰 마음의 문을 열고 자기 이야기를 진솔하게 할 수 있는 열린 분위기가 만들어진다.

상담에서 상담자가 하는 질문은 필요한 정보를 얻거나 궁금증을 해결하기 위해서 하는 것보다 더 중요한 목적이 있다. 상담자의 질문은 상담의 방향을 결정하는 역할을 한다. 또한 상담자는 질문을 통해서 내담자가 자신을 살피고 객관적으로 바라볼 수 있도록 안내하기도 한다.

질문은 내담자가 자기 이야기를 충분히 하게 하려는 목적으로 쓰이기도 하고, 내담자가 자기 생각을 돌아보고 문제점을 발견하게 하려는 의도로 쓰이기도 한다. 상담자는 질문이라는 기법을 활용해서 내담자가 어떤 이야기를 어느 정도로 할지 안내한다.

(2) 주의 깊게 듣기(경청)

"귀는 두 개이고 입은 하나인 이유는 무엇일까?" 이 물음에 흔히 사람들은 "말하기보다는 듣기에 힘쓰라는 뜻"이라고 답을 한다. 그런데 과학적인 대답은 전혀 다르다. 귀가 두 개이기 때문에 음파가 귀에 도달하는 시간 차이가 생겨 소리가 나는 곳을 알아차릴 수 있다고 한다. 소리가 나는 곳을 알아차리는 것은 생존에 꼭 필요한 일이니 귀는 두 개 있을 필요가 있지만 말할 때에는 한 군데에서 해도 되니 입은 한 개만 있어도 된다.

말하기보다 듣기에 더 마음을 쓰라는 것은 그냥 근거 없이 갖다 붙인 이야기이지만, 귀담아들을 만하다. 실제로 많은 사람이 남의 이야기를 듣기보다 자기 이야기를 하고 싶어 한다. 이런 상태에서는 균형이 맞지 않는다. 그래서 균형을 맞추려면 좀 더 듣는 쪽으로 애써야 한다.

마음대로 못 하고 욕구를 억누르는 사람일수록 내뱉고 싶은 말이 많다. 공기가 가득 찬 풍선이 쉽게 터지듯, 내뱉고 싶은 말이 많을수록 긴장이 커서 폭발하기 쉽다. 쉴 새 없이 떠들고 같은 이야기를 반복하는 것은 마음속에 가득한 긴장을 줄이려는 본능에서 나오는 행동이라 하겠다. 폭발은 막아야 하니까 말이다.

마음을 잘 다스릴수록 말하려는 에너지보다 들으려는 에너지가 커진다. 그도 그럴 것이 마음을 찾아 알고 느끼며 다루는 가운데 긴장이 풀리고 깨끗해져서 해야 할 말이 적어진다. 깨끗하고 고요하게 비워진 상태에서는 자연스럽게 다른 사람과 나누고자 하는 마음이 일어나는 법이다. 그래서 들으려고 한다.

들을 때는 자기 생각이나 고집을 내려놓을 줄 알아야 한다. 내담자가 전하고 싶은 마음이 무엇인지 관심을 가지고, 그의 입장이 되어 들어야 제대로 듣는 것이다. 그러려면 상담자가 자기식으로 판단하고 평가해서 충고하려는 태도를 버려야 한다. 이것이 듣기의 기본이다.

들을 때 눈은 말하는 사람의 입 언저리를 보고, 몸은 상대방 쪽으로 살짝 기울인 채로 가끔 고개를 끄덕이거나 가볍게 맞장구를 치면, 말하는 사람은 '이 사람이 내 말에 관심을 갖고 있구나.' 하는 느낌이 들어서 이야기를 더 편하게 할 수 있다. 자연스럽게 이야기가 흘러나오게 하는 것이다.

이야기를 듣다가 궁금한 점이 생기면 기회를 봐서 물어보면 되지만, 상담자가 궁금한 것보다는 내담자가 마음껏 이야기하게 하는 것이 더 중요하다. 귀 기울여 잘 듣다 보면 묻기에 알맞은 순간을 잡아낼 수 있다. 궁금한 것을 참고 들으려고만 하면 오히려 듣기에도 집중하기 어려워진다.

내담자의 모든 이야기를 하나도 놓치지 않고 다 들으려 하는 것도 무모하다. 그냥 가볍게 흘려버릴 이야기와 귀담아들어야 할 이야기를 가릴 줄 알아야 하겠다. 가볍게 던지는 안부나 농담, 격식을 차리는 이야기는 가볍게 처리하고, 내담자의 감정이 묻어 나오거나 진지하게 하는 이야기는 귀담아들을 필요가 있다.

(3) 비추어 주기(반영)

상대를 비추어 주는 거울과 같은 반응으로 상담자가 내담자를 어떻게 이해하고 있는지 알려 주는 것을 '비추어 주기(반영)'라고 한다. 내담자의 마음을 열려면 내담자의 인격을 존중하고 내담자의 느낌, 생각, 의견을 수용하려는 노력이 필요하다. 이때 내담자와 상담자는 서로를 비추는 거울이 된다. 거울을 보며 머리를 빗고 화장을 하듯이 상담자의 반응을 보고 내담자는 자신의 생각, 행동, 느낌을 되돌아볼 수 있기 때문이다.

반영 반응은 내담자의 말을 제멋대로 편집하지 않고 열린 자세로 반응하는 데 핵심이 있다. 이렇게 개방적으로 반응하면 내담자는 비난이나 평가를 받는다는 두려움 없이 자신의 이야기를 솔직하게 하기 쉬워진다.

반영을 제대로 하기 위해서는 내담자의 감정을 포착하고 수용할 만한 '마음의 빈자리'를 만들어 두어야 한다. 자신의 생각을 고집하지 않는 유연한 자세를 가질 때 제대로 비추어 줄 수 있다. 반영을 할 때에는 상대를 정확하게 이해하려고 집중하는 자세가 반드시 필요하다. 그렇게 해야 의사소통이 촉진되고 감정적인 격려를 할 수 있다.

(4) 뚜렷이 하기(명료화)

내담자의 이야기 가운데 초점으로 삼을 만한 것을 포착해서 그 내용을 더 자세히 알도록 하는 것을 '뚜렷이 하기(명료화)'라고 한다. 질문이나 경청, 반영을 통해서 열린 내담자의 마음을 이제는 마치 현미경으로 들여다보듯 자세하게 살피는 것이다. 내담자는 보통 통합적인 시각에서 자신을 보거나 표현하기가 쉽지 않다. 자신의 경험을 이야기할 때에 당황하거나 불안하거나 막연해서 두서가 없거나 애매한 표현을 할 수 있다.

특히 내담자 속마음에 갈등이 있을 경우에 내담자는 앞뒤가 맞지 않는 모순된 이야기를 하거나 애매모호하게 표현하면서 넘어갈 때가 있다. 이럴 때 상담자는 이를 민감하게 알아차려서 명료화를 해 주어야 한다. 이런 초점을 제대로 잡아서 처리하지 못하면 상담이 피상적으로 흐르거나 더는 진전되지 못하고 미궁에 빠질 위험이 있다.

내담자의 이야기가 앞뒤가 맞지 않거나 분명히 표현되지 않은 부분이 있거나 내담자가 혼란 상태에 있을 때, 상담자는 이를 정리해 주고 초점을 분명히 하는 방식으로 명료화를 한다. 명료화 반응부터 앞으로 이야기할 직면, 해석은 단순히 내담자의 이야기를 듣거나 마음껏 이야기하도록 하는 기법이 아니다. 본격적으로 전문 상담의 영역으로 들어가는 기법이다.

하지만 명료화는 내담자의 심리에 아주 깊이 들어가는 작업은 아니다. 내담자가 표현한 내용을 바탕으로 하되, 문제의 핵심에 접근하려는 목적으로 가지치기를 하거나 초점을 분명히 하려는 것이다. 명료화가 제대로 되면 내담자는 안갯속에서 길을 어렴풋이 발견하는 듯한 느낌을 갖게 된다.

(5) 마주하기(직면)

내담자가 상담 과정에서 문제를 해결하려면 반드시 직면이란 과정을 거쳐야 한다. 어떤 사실을 있는 그대로 받아들이기 두렵거나 불안해서 회피하면 문제가 해결되지 않는다. 아무리 두렵고 불안하더라도 피하지 않고 문제를 있는 그대로 보고 인정하는 것을 '마주하기(직면)'라고 한다.

상담에서 상담자가 내담자를 직면하게 하는 것은 문제해결을 위해서 꼭 필요한 일이다. 내담자가 자신의 습관적인 사고방식이나 행동을 고치지 않고 문제를 제대로 해결하기는 어렵다. 문제가 해결되지 않고 계속 유지되는 이유는 내담자가 문제의 원인을 제대로 모르고 있거나 알더라도 고칠 것을 고치지 않기 때문이다. 이때 상담자는 내담자가 이를 직시하도록 직면을 시킨다.

직면은 내담자에게 불편한 경험이 될 수 있다. 그대로 인정하기 싫거나 두려운 것을 그대로 보고 인정하도록 하는 일이 당황스럽거나 긴장되는 것은 자연스러운 일이다. 그렇지만 내담자가 상담자를 신뢰하고 상담을 절실한 마음으로 진지하게 하고 있었다면 직면은 불편하거나 긴장을 일으키는 것이 아니라 문제가 해결되는 후련한 경험이 되기도 한다.

상담이 그저 내담자 마음을 편하게 하고 비위나 맞추는 활동이 될 수는 없다. 문제를 해결하고 성장을 도모하는 데 불편하거나 긴장되더라도 현실을 있는 그대로 보고 고칠 점은 고쳐야 한다. 하지만 같은 말이라도 어떤 맥락에서 하느냐에 따라 약이 되기도 하고 독이 되기도 한다. 직면이 효과가 있으려면 적절한 수준으로 적절한 때에 적절한 방법으로 제시되어야 한다.

(6) 밝히기(해석)

상담을 하면서 나온 이야기들을 종합해서 내담자가 하고 있는 경험의 의미를 분명하게 풀어내는 것을 '밝히기(해석)'라고 한다. 해석은 상담자가 자신의 전문성을 최대한 활용하는 행위다. 상담자는 해석이라는 기법을 활용해서 내담자가 알아야 할 것들을 알려 줄 수 있다. 해석은 문제를 푸는 열쇠를 내담자에게 직접 제공하는 것과 같다.

행동을 하면서도 왜 그렇게 행동하는지 모르고 하는 경우가 많다. 행동과 그 행동의 결과가 어떤 관련이 있는지 모르는 경우도 많다. 심지어는 꿈을 왜 그렇게 꾸었는지, 왜 자꾸 같은 실수를 되풀이하는지, 왜 이런 문제가 생겼는지, 왜 해결되지 않는지 모르는 경우가 많다. 해석은 이런 경우에 답을 제시하는 활동이다.

해석을 어떻게 하느냐에 따라 대처 방법이 결정된다. 제대로 된 해석을 했다면 올바른 방법으로 문제를 해결할 수 있을 것이고, 해석이 잘못되었다면 해결 방법도 잘못되어서 문제는 해결되지 않을 것이다. 그만큼 해석은 상담 과정에서 중요한 요인이다.

일반적으로 상담자의 해석을 내담자가 바로 이해하고 받아들이기는 어렵다. 자신의 관점과 다른 관점을 쉽게 수용하기는 어렵기 때문이다. 그래서 해석은 한 번으로 끝나지 않는다. 파도가 방파제를 공격하듯 견고한 내담자의 관념을 깨고 더 합리적인 상담자의 해석을 받아들이게끔 여러 차례에 걸쳐 해석을 되풀이하는 게 보통이다. 상담자의 해석을 내담자가 이해해서 수용하면 그만큼 문제 해결의 실마리가 잘 풀린다고 하겠다.

해석을 통해서 문제가 해결되는 것을 '줄탁동시'에 비유할 수 있다. 줄탁동시란 달걀 속에서 병아리가 단단한 껍질을 계속 쪼고 있는데 어미 닭이 밖에서 동시에 쪼았을 때 껍질이 깨지는 것을 말한다. 내담자가 알고 싶어 했던 마음과 상담자의 해석이 딱 맞아 떨어질 때 문제 해결의 실마리가 풀리는 것이다. 상담자는 끈기를 가지고 내담자의 견고한 관념을 깨는 노력을 해야 한다.

2) 수행 기법

여러 종류의 마음공부 수행 기법은 일어나는 마음을 알아차리고 다스리는 방편으로, 문제를 해결하고 대안을 찾는 데 쓸모가 많은 원리와 방법들이다. 마음공부에도 수많은 갈래가 있고 서로 다른 주장을 하는 경우도 많아 어느 것이 진실이고 도움이 될지 판단하기 어렵다. 하지만 보편적이면서 일상에 적용할 수 있는 원리를 정리해 보는 것이 불가능하지는 않다. 마음공부 수행 기법을 보편적인 원리로 풀어 보면 다음과 같다.

(1) 느낌 알기

감각기관이 외부 자극과 만날 때 감각을 느끼는 작용이 일어난다. 이때 좋은 느낌이나 싫은 느낌, 혹은 이도 저도 아닌 느낌이 일어나는데, 일반적으로 좋은 느낌은 집착하고 싫은 느낌은 회피하거나 거부하고, 이도 저도 아닌 느낌은 그냥 무시하곤 한다. 이때 좋거나 싫거나 무덤덤한 느낌으로 갈리는 것은 이미 형성된 습성이 자동적으로 활성화되기 때문이다.

좋다고 잡으려 하고 싫다고 밀어내려 하고 이도 저도 아닌 무덤덤한 느낌이라고 무시한다면 마음은 이미 자리 잡은 습성과 자극에 따라 움직이는 꼭두각시가 되어 버리고 만다. 마음공부는 습성이 자극에 따라 자동적으로 일어나는 것을 끊는 것부터 시작한다. 색안경을 벗고 맨눈으로 볼 때 제 색깔을 볼 수 있는 것처럼, 습성에 영향받지 않고 있는 그대로 보아야 진실을 알아 갈 수 있다.

감각 작용이 일어날 때 감각에 끌려가거나 반대로 감각을 거부하거나 무시하는 것은 다람쥐 쳇바퀴 돌 듯 제자리에서 맴도는 길이다. 느낌이 일어날 때 그 느낌을 바라볼 줄 알아야 한다. 느낌 속에서 경험하는 마음과 느낌을 밖에서 바라보는 마음 가운데 바라보는 마음 쪽에 더 관심을 두고 집중하는 것이 습성을 벗어나는 데 꼭 필요한 요령이다.

느낌이 일어나면 평가하거나 판단하지 않고 그냥 바라본다. 좋거나 싫거나 무덤덤한 그 느낌을 그냥 그대로 두고 살피는 것이다. 마치 영화나 연극을 보듯 그렇게 자신의 느낌을 보면 느낌에 휘둘리지 않고 오히려 느낌의 주인이 될 수 있다. 상담자는 내담자에게 이런 원리를 설명하고 내담자가 자기를 한걸음 떨어져서 바라볼 수 있도록 이끌어 준다.

(2) 받아들이기

느낌에 압도되지 않고 한걸음 떨어져서 바라본다고 해서 느낌을 피하는 것은 아니다. 이미 형성된 습성이나 판단 기준으로 성급히 판단하고 평가하면서 마음이 움직이는 것을 하지 않기 때문에 오히려 느낌이 더 선명하게 드러난다. 느낌 알기를 통해서 이렇게 선명해진 느낌을 피하거나 사로잡히지 않고 그대로 받아들이는 것이 느낌을 안 다음에 할 일이다.

좋거나 싫은데에 구애되지 않고 그대로 느낌에 주목하면서 관심을 유지하는 것이 느낌을 받아들이는 요령이다. 이때 주의할 점은 자기도 모르게 선입견이나 고정관념으로 어떤 느낌을 걸러 치우쳐서 받아들이지 말아야 한다는 것이다. 이미 형성된 습성에 지배되지 않고 지금 벌어지고 있는 일을 있는 그대로 체험하는 것이 핵심이다.

어떤 자극에 어떤 마음이 일어나는지 있는 그대로 볼 수 있어야 고칠 것은 고치고 기를 것은 기를 수 있다. 자기를 있는 그대로 보지 못하면 아무리 좋은 교훈이나 가르침도 올바로 소화해서 자기 것으로 할 수 없다. 그렇기 때문에 느낌을 알고 그대로 받아들이는 것이 중요하다. 이를 기반으로 해서 본격적으로 마음 수양에 들어가는 것이다.

상담자도 내담자를 있는 그대로 받아들인다. 내담자의 입장에서 내담자의 느낌을 가능한 한 그대로 느껴 보려 애쓴다. 이를 '비평가적 수용'이라고 하는데, 있는 그대로 내담자를 수용할 수 있어야 내담자의 경계심이나 방어를 넘어서 친밀한 상담 관계를 맺을 수 있다. 내담자는 자신이 맞닥뜨리는 상황을 있는 그대로 보고 받아들일 줄 알아야 상담 목표에 다가가기 쉬워진다.

받아들이기를 어렵게 만드는 것은 방어 성향이다. 잠재의식 수준에서 에고가 방어를 일으킨다. 에고를 자기라 착각하면 진실을 외면하고 부인하거나 억압하거나 사실을 왜곡해서 보기 때문에 문제가 더욱 복잡하게 꼬이고 해결의 길이 멀어진다. 이럴 때 용기를 내어서 진실과 마주하려는 결심을 하고 받아들이기를 하면 방어막이 벗겨지면서 해결의 길이 보인다.

(3) 그릇된 마음 고치기

마음 자체는 좋은 것도 나쁜 것도 아니다. 예를 들어서 욕심을 부리는 것 자체가 좋다거나 나쁘다고 할 수는 없다. 양면성이 있기 때문이다. 그런데 어떤 상황에서 어떤 마음을 쓰느냐 하는 맥락에 따라 마음은 좋게도 작용하고 나쁘게도 작용한다. 나쁘게 작용하면 그릇된 마음이고 좋게 작용하면 바람직한 마음이라 할 수 있다.

예를 들어서 욕심을 좋게 쓰면 의욕으로 작용하지만 잘못 쓰면 탐욕이 되어 버린다. 탐욕은 지나치게 탐하는 욕심을 말한다. 예를 들자면 적당히 먹으면 건강하게 살 수 있는데 너무 많이 먹어서 비만이 되는 경우에 탐욕스럽게 먹었다고 한다. 하고자 하는 마음이 있을 때 지나치지 않도록 주의하여야 적절한 의욕이 될 수 있다.

꺼려지는 마음이 일어날 때도 마찬가지다. 불쾌하거나 해로운 자극에는 꺼려지는 마음이 일어나는 것이 자연스럽다. 잘못을 저질러서 벌을 받거나 꾸중을 들을 때 아무런 반감도 일어나지 않고 편하다면 이상하지 않은가. 이런 상황에서 인정하고 고치려는 마음은 내면 분발이지만 고집을 부리면서 자기주장을 앞세우면 분노가 생긴다. 분노는 참으면 병이 되고 폭발하면 관계를 망친다. 꺼려지는 마음이 있을 때 자기가 옳다는 고집을 놓으면 분노에서 벗어나 분발심으로 자기를 성장시킬 수 있다.

알아야 할 것은 열심히 알려고 하고 몰라도 될 것은 굳이 관심을 두지 않는 것도 좋은 방법이다. '모르는 게 약이다.'라는 말이 있다. 모든 것을 다 알려고 하다가 관계를 망치거나 스스로 불편함에 빠지고 마는 일이 많다. 꼭 알아야 할 것을 모르는 것은 무능한 것이지만 몰라도 되는 것을 모르면서 불편하지 않은 것은 태평스러움이다. 알아야 할 것이라면 알려고 애써야 하겠지만 몰라도 되는 것이라면 알려는 마음을 거두는 것이 좋다.

셀프스캔으로 괴로움을 발견했다면 잘 판단해서 고칠 줄 알아야 한다. 합리성이나 현실성이 부족한 생각을 바꾸고, 괴로움을 일으키는 그릇된 행동 습관을 바꾸고, 자극에 자동으로 반응하면서 쉽사리 흥분하는 마음을 평온하게 바꾸는 연습을 꾸준히 하다 보면 괴로움은 줄고 즐거움이 커진다. 상담자와 내담자 사이에 충분한 신뢰가 있으면 그릇된 마음을 고치는 데 따르는 부담과 긴장을 넘어설 수 있다.

(4) 바람직한 마음 기르기

'비망'과 '희망'을 가릴 줄 알아야 한다. 실현 불가능한 것을 바라면 비망이고, 실현 가능한 것을 바라면 희망이다. 비망에 빠지면 기껏해야 공상을 하면서 시간을 헛되이 보내지만, 희망을 가지면 적절한 계획을 세우고 실현하려는 노력을 하면서 알찬 시간을 보내게 된다. 그냥 바라기만 할 것이 아니라 바라는 바를 현실로 이루어 내려는 구체적인 행동이 뒤따르는 것이 바람직하다는 말이다.

'할 수 있고' '하고 싶고' '해도 되는' 일이라면 도모해 보는 것이 좋다. 현실적으로 가능하고 구미가 당기면서 양심에 거리끼지 않는 일이라면 마음껏 의욕을 내어도 좋다는 뜻이다. 어떤 일을 두고 할까 말까를 고민할 때 이 세 가지 기준으로 검토해 보면 답이 나온다. 탐욕을 부리는 것이 아니라 의욕을 가지고 하는 것, 짜증이나 분노에 휩싸여서 불만스러워하기보다 분발하는 계기로 삼아 심기일전하는 것, 시시콜콜 알려고 하면서 속을 태우는 것보다 몰라도 되는 것에는 관심을 끊어 버리는 것은 마음을 바람직하게 쓰는 길이다.

생각이 너무 많아서 혼란스럽거나 결정을 내리기 어렵다면 생각을 놓아 버리는 연습을 한다. 강한 충동에 이끌려 성급하게 사고를 치는 일이 많다면 숨을 고르면서 스스로를 차분하게 유지하는 연습을 자주 하는 것이 좋다. 무언가 모를 허전함에 마음이 텅 빈 것 같다면 셀프스캔으로 그 마음을 알아차리고 적절한 대처를 하면 된다. 이렇듯 상황에 적절하고 문제를 해결하며 보람이 있는 길을 찾아서 바람직한 마음을 내는 연습을 꾸준히 한다면 대책 없이 불안하거나 우울해지는 일은 없어질 것이다.

잘못 형성된 습관을 바꾸려면 잘못을 고치는 방법만으로는 힘이 들고 어렵다. 이때 대안이 되는 바람직한 행동 습관을 꾸준히 익히는 방법을 병행하면 효과가 훨씬 더 좋다. 상담자는 내담자가 바람직한 마음을 키우게끔 수시로 일깨우고 격려할 필요가 있다. 바람직한 마음을 키우는 일은 기분 좋고 유익한 체험이 바로 뒤따르기 때문에 제대로 방향만 잡는다면 힘들이지 않고 상담 목표를 이루는 데 큰 힘이 된다.

(5) 바람직한 마음 다지기

방심하고 마음을 그대로 두면 마음은 어느새 습관에 빠져들어 잘못된 상태로 돌아가곤 한다. 도로공사를 하고서 아직 굳기 전에 통행을 하면 길이 엉망이 된다. 그래서 충분히 굳히는 양생 과정을 거쳐서 공사를 완성하게 된다. 마음을 바로잡아가는 것도 마찬가지다. 꾸준히 되풀이해서 익혀야 자기 것이 되는데 몇 번의 경험으로 다 된 줄 알고 방심하면 애쓴 것이 수포로 돌아가 허무감만 남는 일이 생길 수 있다.

그릇된 마음을 발견하고 이를 바람직한 마음으로 돌렸다고 해서 다 끝난 것이 아니다. 바람직한 마음이 자연스럽게 활성화될 수 있게끔 다지고 다지는 과정이 점검과 되먹임이다. 자신의 행위를 돌아보는 것이 점검이고 방향을 바로잡는 것이 되먹임 과정이다. 셀프스캔을 통해서 점검과 되먹임을 제대로 할 수 있다.

예를 들어서 이해해 보자. 배가 고프면 밥을 먹고 배가 부르면 그만 먹는다. 이것이 점검과 되먹임 과정이다. 배가 고픈 줄 아는 것, 그리고 음식을 섭취해야 할 필요를 느끼는 것이 점검이라면 음식을 먹어서 배고픔을 해소하는 것이 되먹임이다. 또한 음식을 먹다가 배가 부른 것을 느끼는 것이 점검이라면 그만 먹는 것이 되먹임이 된다. 이렇듯 점검과 되먹임은 한 세트를 이룬다.

마음공부를 하는 데 점검과 되먹임은 필수다. '지금 내가 제대로 가고 있는가?' 하고 살피는 것이 점검이고, 고칠 것을 고치고 더할 것은 더해 가는 일이 되먹임이다. 점검을 할 때에는 목표와 지금 가고 있는 길을 견주어 방향을 잡으면 된다. 지금 하고 있는 행동이 목표를 이루는 데 적절한 것이라면 계속하고 그렇지 않다면 고치는 것이 되먹임의 요령이다.

이렇게 점검과 되먹임을 꾸준히 하는 가운데 그릇된 마음은 줄어들고 바람직한 마음은 점점 더 커지게 된다. 목표를 이루는 그 순간까지 이를 지속하면 된다. 상담 과정에서 상담자는 내담자가 스스로 점검과 되먹임을 할 수 있도록 이끌어 주어야 한다. 목표와 방법을 합의하고 서로 신뢰하는 관계를 맺어 두는 것이 이때 유용하게 쓰인다.

3) 명상과 기도

명상과 기도는 마음을 건강하게 하는 훈련법이라 할 수 있다. 명상이 마음을 깊이 알아 가는 것이라면 기도는 원하는 방향으로 마음을 쓸 수 있도록 집중하는 훈련 방법으로 쓸모가 많다.

(1) 명 상

자기를 살피지 않으면 과거에 형성된 습관을 벗어나지 못한다. 또한 분위기에 따라 현재 벌어지고 있는 상황에 휩쓸려 버리며 방황하기 쉽다. 열심히 무언가 하는 것 같으면서도 무얼 하고 있는지 모르고 하기 십상이며 먼 훗날 허무감만 남기 쉽다. 진정으로 자기 인생의 주인으로 살고 싶으면 습관대로 자동 반응을 하지 않도록 자기를 살펴 과거의 습관을 멈출 줄 알아야 한다.

명상은 자기를 살피는 일이다. 자기를 살피는 것과 자기에 대해서 생각하는 것은 완전히 다르다. 명상과 사색은 아주 다른 행위다. 명상은 판단하기 이전에 마음에 관심을 두는 것이고 사색은 판단하면서 생각을 깊이 이어가는 것이다. 사색으로는 습관을 넘어서기 어렵다. 판단을 할 때 이미 기존 관점과 입장을 가지기 때문이다. 고정관념이나 선입견을 넘어서려면 명상을 해야 한다.

명상 방법은 셀프스캔을 설명하면서 이미 다 언급하였다. 여기서는 상담기법으로서 명상을 이야기하려고 한다. 상담을 할 때 내담자의 감정이 폭발하듯 분출되는 경우가 많다. 상담에서 분출되는 감정은 상담을 풀어가는 아주 중요한 실마리다. 그런데 상담자나 내담자가 명상을 모르면 이 귀한 실마리를 제대로 잡지 못하고 당황해서 감정을 회피하거나 무시할 위험이 있다.

마음이 격렬하게 일어날 때 숨을 가다듬고 침착성을 회복하는 훈련은 명상을 통해서 아주 효과적으로 할 수 있다. 격렬하게 분출되는 감정 속에서도 자기를 살필 줄 알면 자신의 감정이 일어나는 패턴을 파악하는 통찰을 얻을 수도 있다. 어떤 경우에도 자신을 살필 줄 안다면 습관적인 행동을 할 때 습관의 패턴을 알아차린다. 이처럼 명상 훈련은 상담 과정에서 아주 쓸모가 많다.

그래서 자성상담 초기에 상담자는 내담자한테 명상을 소개하고 익힐 수 있게끔 이끈다. 물론 명상을 전문적으로 배우고 익히게 하지는 않으며 그럴 필요도 없다. 셀프스캔에 필요한 만큼 알고 익히면 되기 때문이다. 명상의 핵심인 '자기를 보는 것'을 일상생활 속에서 점점 넓혀 가도록 하면 된다.

(2) 기도

명상이 자기를 알아 가는 행위라면 기도는 원하는 것을 이루기 위해 힘을 모으는 행위다. 습관을 바꾸거나 외부의 유혹을 이겨내거나 내면의 충동을 조절하는 데에는 힘이 필요하다. 의지와 결단력을 갖추지 못하면 외부 자극이나 내면의 충동에 쉽게 허물어지곤 한다. 더군다나 '세 살 버릇 여든까지 간다.'는 '습관'을 거스르는 데에는 엄청난 집중력이 필요하다. 이 힘을 어떻게 기를 수 있을까?

돋보기로 햇빛을 모으면 초점에서 강한 열이 발생해서 불이 일어난다. 마음도 집중하면 햇빛이 모이는 것처럼 힘이 생긴다. 이때 돋보기와 같은 역할을 하는 것이 기도다. 돋보기의 초점이 흔들리면 빛이 모이지 않는다. 마찬가지로 집중한 마음을 흔들리지 않고 어느 정도 유지할 수 있어야 필요한 힘을 얻을 수 있다. 절실한 마음이면 마음이 다른 것에 흔들리지 않고 하나로 모이기 쉽다. 그래서 기도에는 간절함이 필수다.

일상 속에서 자신이 바라는 바를 잊지 않고 마음을 소원에 붙잡아 두는 것이 기도하는 요령이다. 기도문을 되풀이해서 외우거나 정해진 시간에 의식을 치르듯 생활 패턴을 정해서 규칙적으로 하는 것이 구체적인 기도 방법이다. 중요한 것은 바라는 바를 의식하면서 생활하는 것이다.

자성상담에서 기도는 목표로 하는 바람직한 행동을 익히는 데 쓰임새가 크다. 내담자가 상담 목표를 이루는 데 바람직한 행동을 외부의 유혹이나 내면의 충동을 거스르면서 지속적으로 해낼 수 있는 마음의 힘을 기르는 데 기도 방법을 활용한다.

내담자한테 필요한 마음가짐, 행동방식, 생활 과제들을 상담자와 내담자가 함께 찾아서 실천할 계획을 세운다면 내담자한테는 기도문이 생기는 셈이다. 일상 속에서 내담자는 자신의 습관도 거스르고 상담자와 함께 찾은 방향대로 실천하려 애쓴다. 이것이 기도의 원리가 상담에 활용되는 과정이라 하겠다. 이 과정을 거치면서 내담자는 자신의 의지대로 일상에서 행동할 수 있는 힘을 얻게 된다.

4. 상담 과정

자성상담은 (1) 상담 신청으로 시작 → (2) 상담 목표, 방법 합의 →
(3) 셀프스캔 안내 → (4) 현상 파악 → (5) 분석 작업 → (6) 대안 찾기 →
(7) 일상에 적용 → (8) 목표 달성 → (9) 상담 종결과 같은 과정을 거
친다. 물론 목표를 달성하지 못한 상태로 상담이 종결되는 경우도
있다.

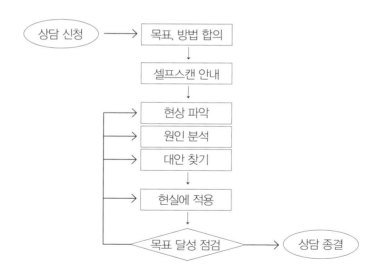

[그림 3-2] 상담 과정 흐름도

1) 상담 신청으로 시작

자성상담도 일반 심리상담과 마찬가지로 내담자가 상담을 신청하면서 상담이 시작된다. 내담자는 자신이 상담을 신청한 목적을 밝히고 상담자는 내담자의 이야기를 경청한다. 이 과정에서 상담자가 질문을 해서 내담자한테 상담에 필요한 정보를 얻기도 한다. 내담자의 가정환경, 성장 과정, 중요 경험, 그 밖에 내담자의 신상 정보들이 상담과 관련된 관심 사항이다. 하지만 경청과 정보 수집 가운데 더 중요한 것은 경청이다.

상담 첫 면접에서 내담자가 상담자가 자신의 말을 관심을 기울여 듣고 있으며 상담이 자신의 문제를 해결하는 데 도움이 될 것 같다는 느낌을 받으면 성공적이다. 상담자가 경청과 질문 그리고 반영 반응을 적절히 섞어 하면서 내담자가 충분히 자신의 이야기를 자기식으로 표현할 수 있도록 상담을 이끌면 내담자는 이런 느낌을 쉽게 받는다.

2) 상담 목표와 방법 합의

상담 초기에 상담 목표와 목표를 이루기 위한 방법을 상담자와 내담자가 공유할 필요가 있다. 보통 4회기 이내에 상담자와 내담자가 동맹 관계를 맺지 못하면 상담이 제대로 될 확률이 적어진다. 동맹 관계는 목표와 방법을 합의하고 강한 유대감을 갖는 것으로 이루어진다.

목표는 현실적으로 이룰 수 있는 것으로 잡는다. 또한 가능하면 목표 달성 여부를 객관적으로 확인할 수 있게끔 구체적인 내용으로 정하는 것이 좋다. 목표를 이루기 위한 방법은 언제나 수정이 가능하도록 유연하게 잡는다. 수시로 목표와 방법을 견주면서 중간 점검을 함으로써 목표 달성 여부를 조율한다. 상담을 언제 끝마칠지 결정하는 데 있어서도 이런 점검 과정이 필요하다.

3) 셀프스캔 안내

자성상담에서 셀프스캔은 처음부터 끝까지 바탕이 되는 필수요소다. 상담자와 내담자가 상담 목표와 방법을 공유하면서 상담자는 내담자가 일상에서도 셀프스캔을 할 수 있게끔 셀프스캔의 필요성과 방법을 설명하고 납득시켜야 한다. 상담자는 내담자에게 보고 배울 수 있는 역할 모델이 되기 쉽기 때문에 상담자 자신이 상담 과정에서 셀프스캔을 철저히 수행한다면 내담자는 자연스럽게 셀프스캔의 필요성과 방법을 익힐 수 있다.

말로 하는 것은 생각으로 받아들이지만 몸소 보여 주는 것은 몸으로 익히기 마련이다. 자성상담을 하는 상담자가 셀프스캔에 익숙해져야 할 필요가 바로 여기에 있다. 자기가 납득하지 못하는 것을 다른 사람에게 납득시킬 수는 없지 않은가. 상담자의 솔직하고 진지한 태도와 셀프스캔을 자연스럽게 하는 모습을 보고 내담자는 자기도 모르게 상담자를 닮아 가게 된다.

4) 현상 파악

셀프스캔이 안내되면 이제 본격적으로 문제를 해결하는 과정으로 들어가게 된다. 먼저 내담자의 문제에 대한 현상 파악이 정확하게 이루어져야 한다. 내담자의 문제가 무엇인지, 문제와 연관된 요인들은 어떤 것들이 있는지, 내담자 자신의 관점은 어떠한지 파악이 되면 다음 단계로 진행할 수 있다.

현상을 파악할 때는 '있는 그대로 보려는' 의지가 중요하다. 상담자 마음대로 보태거나 빼거나 하지 않고 내담자가 느끼고 있는 것을 있는 그대로 사진 찍듯이 이해하려는 노력을 해야 한다. 현상이 있는 그대로 파악되어야 원인을 분석하고 대안을 찾는 작업이 제대로 이어질 수 있다.

5) 분석 작업

현상이 파악되고 나면 이제 그 문제의 원인과 조건을 살피는 분석 작업으로 들어간다. 왜 문제가 생겼는지, 그 문제가 없어지지 않고 지속되는 이유가 무엇인지 그리고 내담자는 어느 정도로 문제를 이해하고 있는지 꼼꼼하게 살핀다. 물론 이 과정도 내담자와 공유하면서 진행한다. 상담자가 일방적으로 내담자에게 주입하듯 알려 주는 방식은 도움이 안 될뿐더러 엉뚱한 길로 빠질 위험도 있다.

어떤 현상이든 반드시 원인과 조건이 결합되어야 나타난다. 기계가 고장 났을 때 그 기계를 고치려면 먼저 분해해서 고장의 원인을 밝혀내어야 한다. 마찬가지로 내담자의 문제에도 그 문제를 발생시킨 원인과 조건이 있고, 그 원인과 조건을 살펴서 밝혀내는 분석 작업이 필요하다. 분석이 제대로 되면 문제를 해결할 수 있는 적절한 대안을 찾는 과정으로 이어질 수 있다.

6) 대안 찾기

분석을 통해서 문제의 원인과 조건이 밝혀지고 나면 이제 대안이 될 최선의 길을 찾는다. 대안을 찾을 때는 문제와 그 원인을 제대로 이해했는지, 문제를 해결하고자 하는 내담자의 의지가 어느 정도인지, 또한 내담자가 가지고 있는 자원은 무엇인지와 아울러 구체적으로 무엇을 어떻게 실천할 수 있는지 세심하게 고려한다. 대안 찾기도 상담자와 내담자의 협동 작업으로 시행되는데, 서로 공유되지 않고 일방적으로 진행되면 아무리 좋은 대안이라 하더라도 내담자의 적극적이고 능동적인 실천을 보장하기 어렵다.

내담자의 신상 정보, 내담자의 문제 상황과 관련된 변수들, 내담자의 해결 의지, 분석된 원인을 바꿀 수 있는 현실적인 방안들이 잘 어우러져서 최선의 해결책을 찾으면 내담자는 현실적인 희망을 갖게 된다. 희망을 마음에 품으면 의욕이 생기고 마음은 설레기 마련이다. 대안을 발견하고 갖게 된 희망의 에너지라면 아무리 넘기 힘든 습관의 벽이라도 부술 수 있다.

7) 일상에 적용

보통 상담은 주 1회 한다. 내담자는 상담을 1시간 하고 나머지 일주일을 일상 속에서 산다. 상담에서 다루어진 내용이 일상에 적용되지 않는다면 상담은 내담자의 삶에 거의 아무런 영향을 미치지 못하는 셈이다. 상담과 일상은 긴밀하게 연관되어야 마땅하다. 대안을 찾았으면 그 대안이 일상에 적용되어야 한다.

일상의 삶 속에서 셀프스캔을 꾸준히 해 온 내담자라면 열심히 상담을 해서 찾은 대안을 실제 생활에 적용하는 것이 어렵지 않을 것이다. 습관화된 일상을 바꾸는 일에는 많은 저항과 어려움이 뒤따르곤 한다. 셀프스캔으로 습관의 힘에 지배되지 않는 경험을 익힌 내담자는 저항과 어려움을 넘어서 뜻하는 바를 이룰 수 있다.

대안을 일상에 적용하고 그 결과를 점검하면서 자기를 바꾸려는 노력은 보통 한두 번으로 쉽게 달성되지 않는다. 그래서 인내심을 가지고 꾸준히 애써야 한다. 내담자가 지치고 힘들어하더라도 상담자는 내담자가 노력을 계속할 수 있도록 격려하고 응원하면서 버텨 주어야 한다.

8) 목표 달성

대안을 일상에 적용하면서 나타나는 효과를 내담자와 합의했던 목표와 견주면서 목표가 얼마나 달성되었는지 점검한다. 애초에 정했던 목표가 달성되었다고 판단되면 상담을 마칠 것인지 아니면 다른 목표를 가지고 상담을 지속할지 선택한다. 눈에 보이는 산에 오르면 아래에서 보이지 않던 봉우리가 또 보인다. 이처럼 하나의 상담 목표를 달성했을 때 또 다른 목표가 생길 수 있다. 그렇기 때문에 상담목표를 달성했다고 해서 그것이 반드시 상담 종결로 이어지는 것은 아니다.

상담 과정에서 목표에 얼마나 접근했는지 수시로 점검하는 것이 필요하다. 이러한 중간 점검을 토대로 해서 목표를 수정하거나 방법을 바꿔 가면서 목표를 달성하기 위해 노력한다. 상담 진행 과정 자체도 스캔하는 셈이다. 목표를 달성했는지 그렇지 않은지 판단하는 것도 상담자와 내담자가 공유하는 것이 바람직하다.

9) 상담 종결

목표가 달성되었고 다른 목표가 없다면 상담을 성공적으로 종결한다. 목표가 달성되지 않은 상태에서도 상담자나 내담자의 사정으로 상담을 중도에 그만두어야 하는 경우도 있다. 아무튼 상담 관계는 언젠가는 반드시 종결을 하게 된다. 종결과 관련해서 내담자의 심정이 세심하게 배려되어야 한다.

상담을 통해서 위안을 얻고 마음의 안정을 찾을 수 있었던 내담자는 종결을 앞두고 불안하거나 걱정이 생길 수 있다. 상담자의 도움 없이도 자신이 잘 해낼 수 있을지 확신하기 어려운 것이다. 그래서 성공적인 종결의 경우라 하더라도 급작스러운 종결보다는 내담자의 심정을 아우르고 상담 성과를 내담자가 잘 갈무리할 수 있도록 점진적인 종결을 하는 것이 바람직하다.

상담 주기를 주 1회에서 2주에 1회, 또는 한 달에 1회 하는 식으로 늘려 가면서 서서히 종결을 해 가는 것이 가장 일반적인 방법이다. 또한 언제라도 다시 상담을 찾을 수 있음을 알려 주어 기댈 언덕이 있다는 느낌을 내담자에게 주는 것도 좋은 요령이다. 종결을 하면서 상담과정 전반을 돌아보며 결산하고 종결과 관련된 감정을 다루면서 종결 자체를 주제로 한 회기를 몇 번 갖는 것도 깔끔한 방법이다.

앞에서 살펴본 상담의 전체 과정 가운데 현상을 파악하고 분석을 해서 대안을 찾는 과정이 핵심이 된다. 다음 장에서 이 세 가지 핵심 과정을 더 자세히 살펴볼 것이다.

제2부

자성상담
실   제

04 현상: 있는 그대로 본다

이제 본격적으로 문제를 해결하는 과정으로 들어가 보자. 먼저 내담자의 문제 상황을 있는 그대로 정확하게 파악해야 한다. '내담자의 문제가 무엇인지' '문제와 연관된 요인들은 어떤 것들이 있는지' '내담자 자신의 관점은 어떠한지'에 관심을 가지고 현상을 있는 그대로 보려 노력한다. 상담자 마음대로 보태거나 빼거나 하지 않고 내담자가 느끼고 있는 것을 있는 그대로 사진 찍듯이 이해하려는 노력을 해야 한다.

사례:

관심을 가지면 보인다 (깨어 있기)

40대 초반 남성. 화가.
하고 싶은 일을 하는데도 허무감 호소
별칭: 파랑새

파랑새: 저는 그토록 하고 싶던 일을 하고 있는데도 만족스럽지 않습니다. 이제 아내도 있고 아이도 있어서 가장으로서 책임감을 느껴서 그런지 모르겠어요.

상담자: 무슨 일을 하고 계신가요?

파랑새: 그림을 그립니다. 그런데 제가 그리고 싶은 그림보다는 돈이 되는 그림을 그리다 보니 만족도가 떨어지는 것 같기도 해요. 제가 그리고 싶은 것은 순수미술인데 아무래도 순수미술로는 돈을 벌기가 쉽지 않아 돈이 되는 그래픽을 주로 하고, 남는 시간에 그리고 싶은 그림을 틈을 내서 그리고 있어요.

상담자: 파랑새님은 처음부터 그림을 그리셨나요?

파랑새: 아니요. 그렇지 않아요. 고등학교 때 미술을 하겠다고 부모님께 말씀드렸는데, 아버님의 반대가 완강하셨어요. 그래서 저도 화가의 꿈을 접고 경영을 전공했지요. 졸업하고 취직해서 회사를 다니다가 함께 일하던 동료들이 퇴사를 하고 제게 점점 더 중요한 일들이 주어지니까 내면의 갈등이 심해졌어요. 만약에 내가 이 일을 계속한다면 나

는 내가 꿈꾸던 삶을 영영 놓치겠구나 싶었죠. 그래서 과감하게 결단
을 내려서 회사를 그만두고 다시 미대를 입학했습니다. 그리고 화가
가 되었죠.

상담자: 이젠 부모님의 반대가 없나요?

파랑새: 제가 반대를 무릅쓰고 도전했지요. 지금은 아버님께서 처음부터 말
리지 말 걸 그랬다 하세요.

상담자: 그러면 외적인 방해 요인은 없어진 셈이고, 파랑새님이 그토록 꿈
에 그리던 일을 하게 되었는데 무슨 문제가 있나요?

파랑새: 현실의 벽에 부딪힌 거죠. 처음엔 그림을 그린다는 사실만으로도
너무 좋고 행복했습니다. 그런데 결혼을 하고 아이가 생기면서 돈을
벌어야 한다는 현실에 맞닥뜨렸죠. 제가 그리고 싶은 그림을 마음대
로 그리지 못하고 주문을 받아 돈이 되는 그림을 그리다 보니 부담이
많이 생긴 것 같습니다. 그렇지만 지금 그리고 있는 것을 싫어하지는
않아요. 어떤 그림이든 그릴 수 있다는 것이 좋거든요.

상담자: 그런데 왜 만족스럽지 않을까요?

파랑새: 날이 갈수록 점점 더 그림을 그리기가 어려워져요. 저는 제가 그림
을 그리면 영감이 마구 샘솟듯 솟아날 거라 생각했어요. 그런데 예술
적 영감이 잘 떠오르지 않아요. 마음이 무겁고 왠지 모를 허무감마저
들기 시작하더군요. 분명히 내가 선택한 일이고 좋아하는 일을 하는
데 왜 그런지 모르겠어요.

상담자: 예술적인 영감이 떠오르지 않으신다니 궁금합니다. 어떤 영감을 말
씀하시는 것인지?

파랑새: 화가마다 자기 나름의 작품 세계가 있잖아요. 저도 제 나름의 그림
을 그리고 싶은데 '아! 이것이다.' 할 만한 영감이 떠오르지 않는 거예
요. 완전히 몰두해서 그릴 수 있는 그런 그림이 구상되지 않아서 답
답합니다. 그냥 막연한 심정으로 붓을 들지 못하는 시간이 점점 늘고
있어요.

상담자: 아이는 지금 몇 살이지요?

파랑새: 이제 세 살이고 한창 재롱도 부려요.

상담자: 아이를 보면 어떤 느낌이 드십니까?

파랑새: 행복하죠. 그냥 보고만 있어도 행복해요. 신기하기도 하구요.

상담자: 아이를 보면서 드는 마음은 영감이 될 수 없을까요?

파랑새: 그런 생각은 해 보지 않았어요.

상담자: 아이의 모습을 보면서 드는 신비감이나 마음을 꽉 채우는 행복한 느낌이 작품의 훌륭한 소재가 될 수 있지 않겠냐는 말입니다. 그 자체로 아주 행복하고 신비스러운 예술적 영감으로 손색이 없지요.

파랑새: 제가 그리려는 건 인물화가 아니라 정물이나 풍경이라서…….

상담자: 자연이나 물체에만 영감이 있나요?

파랑새: 그렇지는 않지요. 하지만 아이를 그린다는 생각은 해 보지 않았거든요.

상담자: 그래서 하는 말입니다. 자기가 하고자 하는 것만 하면 어느새 자기도 모르게 자기 세계에 갇혀 버리고 말아요. 파랑새님 자신의 취향, 의도, 세계관이라는 틀이 마음을 제한하고 영감이 떠오르지 못하게 하지요. 마음을 열어 두어야 영감도 생깁니다. 또 영감이라는 것이 꼭 대단한 것에서 나오는 것도 아니잖아요.

파랑새: 선생님 말씀을 들어보니 제가 마음을 열지 못하고 현실의 무게에 찌들어 있었던 것 같습니다. 저는 일상의 삶 속에서 영감을 얻을 수 있다는 생각 자체를 못 한 것 같아요.

상담자: 영감이라는 건 가지고 싶다고 해서 생기는 게 아니지요. 자신을 가두고 있던 온갖 관념의 틀에서 벗어날 때 문득 떠오르거든요. 역사상 위대한 발견들이 일어나는 그 순간들을 보면 긴장이 풀어지면서 마음이 자유로워지는 그 순간에 영감이 떠오르곤 합니다. 그리고 삶 속에서 영감이 떠오르지, 공상의 세계에서 생기지 않거든요.

파랑새: 그러고 보니 제가 처음에 그림을 그리겠다고 결심했던 그 마음이

어느새 돈을 벌어야 한다는 생각과 나만의 그림을 그리고 싶다는 열망 사이의 갈등에 묻혀서 마음이 퍽퍽해진 것 같습니다. 내가 왜 그림을 그리려고 했는지 깜빡했던 것 같아요.

상담자: 그래요. 자기 마음이 깨어 있지 못하면 안팎의 온갖 흐름에 휩쓸리고 맙니다. 나를 잃어버리는 현상이지요. 누가 내 마음을 빼앗아 가는 것이 아니라, 스스로 정신이 다른 것에 팔려 마음을 잃어버리고 눈이 머는 것이지요.

파랑새: 제가 왜 만족스럽지 않고 허무했는지 알겠습니다. 저 자신을 잃어버렸던 것이네요.

상담자: 맞아요. 그래서 늘 깨어 있어야 합니다. 특히 창의적인 일을 하는 사람들일수록 자신의 감각, 생각, 감정에 깨어 있어야 해요. 아이를 보면서 일어나는 그 엄청난 사랑의 기운을 화폭에 담는다고 생각해 보세요. 그보다 더 훌륭한 영감이 있을까요? 일상에 깨어 있으면 삶의 순간순간들이 다 영감으로 채워질 수도 있습니다.

파랑새: 어떻게 하면 깨어 있을 수 있지요?

상담자: 관심을 가지는 겁니다. 내 느낌, 생각, 행동, 감정에 관심을 가지는 거예요. 가만히 자신을 들여다보면 차츰차츰 보이기 시작합니다. 관심을 가지지 않으면 습관의 힘에, 외부 환경의 힘에 아무 대책 없이 휩쓸리고 말아요. 급류에 떠내려가다가 구명줄을 잡은 것처럼 자신의 마음에 관심을 기울일 줄 알아야 합니다. 그러면 보여요.

Tip

호흡관을 하면서 자신을 살피는 연습을 꾸준히 하면 습관적으로 일어나는 마음을 알아차릴 수 있다. 마음의 변화를 그 즉시 알아차리면 습관대로 끌려가거나 외부 자극에 정신이 팔리는 일을 쉽게 멈출 수 있다. 중요한 것은 관심이다. 관심을 어디에 두느냐에 따라 마음의 주인이 되기도 하고 노예가 되기도 한다.

이 상담에서 내담자는 자신이 하고 싶은 일을 하는데도 느껴지는 허무감을 이해할 수 없었다. 정말 그리고 싶은 그림을 그리지 못해서 그렇지 않은가 하고 나름대로 이유를 찾아보았으나 막연했다. 그래서 상담을 하러 왔는데, 상담자는 내담자의 관심이 어디에 쏠려 있는지에 초점을 맞추며 문제가 무엇인지 밝혀 간다. 해답은 내담자 자신이 갖고 있기 때문에 내담자의 마음에 초점을 맞추는 것은 너무나 당연한 일이다.

내담자의 마음에 가장 큰 비중을 차지하고 있던 것이 가장으로서 가지는 책임감이었음에 주목하고 상담자는 내담자의 예술적인 욕구와 내담자의 일상적인 삶을 연관시켜 문제에 접근한다. 그래서 내담자는 미처 생각하지 못했던 부분을 발견한다. 그냥 지나치기 쉬운 마음에 초점을 맞추고, 이를 대안으로 활용하면서 내담자가 일상에서 깨어 있게끔 이끄는 것이 자성상담의 두드러지는 특징이라 하겠다.

1. 무엇이 문제인가

　내담자가 호소하는 문제를 일단 내담자의 입장에서 들어 볼 필요가 있다. 처음부터 객관성을 유지하면 내담자는 마음 놓고 자기 방식대로 표현하기 어려울 수 있다. 상담자가 내담자의 시각으로 주파수를 맞춤으로써 내담자는 공감받는 느낌으로 마음껏 자기 이야기를 하게 된다. 가벼운 격려 반응과 함께 경청을 하면 현상을 파악하는데 필요한 충분한 자료가 나올 수 있다.

　하지만 그것으로 끝나서는 안 된다. 어떤 상황에서 어떤 일이 벌어졌으며, 내담자는 그 일을 어떻게 받아들이고 어떻게 대응하고 있는지를 객관적인 입장으로 정리하여 내담자에게 제시하는 과정이 뒤따라야 한다. 이를 통해 내담자는 자신을 거울로 보듯 객관적인 입장에서 볼 수 있게 된다. 자신의 경험을 객관화해서 볼 수 있어야 경험에 빠지지 않고 자신의 의지대로 경험을 활용할 수 있다.

　내담자를 공감하면서 동시에 객관적인 시각을 유지할 줄 아는 것이 상담자의 전문적인 능력이다. 객관적인 시각을 유지하지 못하면 그냥 편들기를 해 주는 꼴이 되고 만다. 실제로 편들기는 아무런 도움이 되지 않는다. 다른 시각에서 보아도 수긍할 수 있어야 치우치지 않고 있는 그대로 보았다고 할 수 있다. 상담자가 이렇게 해 주어야 내담자도 주관적인 생각이나 고집에서 벗어나 자신을 있는 그대로 보는 작업을 해내게 된다.

문제가 무엇인지를 정확하게 규정해야 한다. 문제가 명확해야 답도 찾을 수 있기 때문이다. 열심히 이야기는 하는데 도대체 무엇을 이야기하는지, 무엇을 풀고자 하는 것인지 뚜렷하지 않다면 그냥 의미 없는 수다가 되고 말 것이다. 그래서 상담을 하면서 점점 문제의 초점이 잡혀야 한다.

문제의 초점을 잡아 가는 과정에서는 상담자의 요약과 정리 능력이 중요하다. 물론 논리적 사고가 필요함은 두말할 나위도 없다. 이른바 육하원칙대로 문제를 잘 정리해 두어야 이후 작업이 순조롭게 진행될 수 있다. 내담자의 이야기 속에서 발견되는 모순이나 묻어나오는 감정이나 표정, 행동 변화들은 문제를 파악해 가는 데 아주 중요한 실마리가 된다. 내담자의 이야기를 경청하면서 상담자는 이러한 정보들을 모아서 정리해 둔다.

초심 상담자는 내담자의 이야기에 압도되거나 중요한 단서들을 놓치는 경우가 많다. 내담자가 하는 이야기는 어디까지나 내담자의 시각인데, 그 이야기를 그냥 다 사실로 받아들이는 것은 어리석다. 이를 일러 내담자가 하는 말에 압도된다고 표현한 것이다. '아, 내담자는 이렇게 생각하고 해석하고 받아들이며 이렇게 행동했구나!' 하고 들으면 된다.

내담자의 시각과 주변 사람들의 시각은 다를 수 있다. 그래서 이야기를 들을 때 내담자에게 관련된 주변 사람들은 어떻게 볼 것 같은지 물어보는 것도 좋다. 이를 통해 내담자가 얼마나 유연한 사고를 갖고 있는지, 주변 사람들과 소통을 어느 정도 하고 있는지 파악할 수 있으며, 또한 이 정보는 분석 작업과 대안을 찾는 과정에서 아주 요긴하게 쓰인다. 내담자가 타인의 입장에서 보는 것을 어렵지 않게 하고 있다면 상담 진행이 그만큼 순조로울 수 있다.

하지만 내담자가 자신의 시각에서 벗어나지 못하고 일반적인 생각을 하고 있다면 상담 과정에서 불필요한 저항이 일어나기 쉽고 분석이나 대안을 받아들이기는 거의 불가능할지도 모른다. 그래서 내담자의 독선이나 일방적인 태도는 이후 과정으로 진행하기 전에 먼저 다루어야 한다. 문제를 다루는 과정에서 나타나는 저항이 있다면 문제보다 저항을 먼저 다룰 줄 알아야 하겠다.

문제를 파악하는 과정에서 정말로 주의할 점이 있다. 상담자와 내담자의 시각 차이가 분명히 있는데도 이를 그냥 지나쳐 버린다면 상담은 성공할 수 없다. 의견 차이나 시각 차이는 반드시 조율이 되면서 서로 합의를 하면서 나아가야 한다. 어떤 부분이 중요하고 어떤 부분은 사소한지 다르게 받아들이고 있는 상태에서 이를 모르고 열심히 해 보았자 공연히 헛수고만 될 뿐이다.

문제를 파악할 때 내담자의 내면적인 심리 요인과 아울러 외적인 환경 요인을 파악하는 것도 게을리해서는 안 된다. 환경 요인과 심리 요인 두 가지를 같이 살펴보아야 한다.

사례:

**내겐 마음에 드는 구석이
하나도 없어요** (완벽주의)

30대 중반 여성. 대학원 박사 과정.
논문 쓰기의 어려움 호소.
별칭: 바람

바람: 논문을 써야 하는데 전혀 손에 잡히지 않아요. 자료를 모으거나 조사
　　　를 하거나 한 줄이라도 써야 하는데 하루 종일 멍때리고 있거나 딴짓
　　　을 하고 있어요. 올해 안으로 논문을 써야 하는데 부담만 느끼지 실
　　　제로 하는 것이 없어요.

상담자: 논문을 써야겠다고 생각은 하는데 행동이 뒤따르지 못한다는 말씀
　　　이시죠?

바람: 생각만 하고 있어요. 그런데 왜 중요한 일에는 이렇게 집중을 못 할까
　　　요?

상담자: 논문과 관련된 것 말고도 중요한 것을 하지 않고 피하는 경향이 있
　　　으신가요?

바람: 그런 것 같아요. 제가 유학을 떠날 때 아버지는 병상에 계셨어요. 그
　　　리고 유학을 떠나 있을 때 돌아가셨지요. 물론 공부를 하려고 유학을
　　　간 것이지만 한편으로는 아버지를 간병해야 하는 부담을 피하고 싶
　　　은 마음도 있었던 것 같아요. 유학을 가서 공부를 할 때에도 박사까
　　　지 마치고 가라는 주변의 만류를 뿌리치고 귀국했는데, 그럴듯한 핑
　　　계를 대긴 했지만 내심으로는 박사 과정을 마칠 자신이 없었어요. 항

상 결정적인 순간에는 부담을 피하기 위해 도망치는 것 같아요.

상담자: 부담스러운 것은 당연히 피하고 싶지 않나요?

바람: 그래도 꼭 해야 하는 것은 아무리 부담스러워도 해야 하잖아요.

상담자: 부담스러워도 꼭 해야 하는 것이 무엇일까요?

바람: 아버지가 아플 때 자식이 병간호를 해야 하는 것도 그렇고, 그렇게 단단히 결심을 하고 유학을 갔으면 끝을 보고 와야 하는 거죠.

상담자: 바람님이 못 했던 것들이군요.

바람: 그래서 저는 제가 마음이 안 들어요. 인간답지도 못하고 능력이 뛰어나지도 않고, 그렇다고 마음씨가 착한 것도 아니고.

상담자: 할 일을 못할 만한 사정이 있을 수도 있죠. 유학을 가야 하니까 아버지 간병을 못할 수도 있지 않나요?

바람: 그건 핑계였어요. 부담스러운 것을 하지 않으려는 이기적인 마음이 만들어내는 그럴듯한 변명일 뿐이지요.

상담자: 그렇다면 유학을 포기하고 간병을 했어야 했나요?

바람: 잘 모르겠어요. 저한테는 유학도 중요했어요. 그렇지만 아버지가 아파서 누워 계시는데 매정하게 유학을 떠나 버리는 것은 자식의 도리가 아니죠.

상담자: 유학도 가고 간병도 하는 것이 가능한가요?

바람: 불가능하죠.

상담자: 가능한 선에서 생각을 해 봅시다. 지금 바람님이 말씀하시는 걸 들어보면 현실적으로 불가능한 것을 기준으로 갖고 계신 것 같아요. 그러면 생각만 많아지고 마음만 무겁지 되는 것이 없거든요.

바람: 제가 논문에 손을 대지 못하는 것도 그래서일까요?

상담자: 아마도 그럴 겁니다. 현실적으로 불가능한 것을 해야 한다고 몰아붙이고 있을 거예요. 그걸 찾아볼까요?

바람: 도서관에서 자료를 찾거나 인터넷에서 필요한 정보를 얻거나 하는 것은 현실적으로 불가능한 것은 아니죠. 그런데 전 안 하고 있잖아요.

상담자: 그러게 말입니다. 현실적으로 가능하고 필요한 것을 안 하고 계시죠. 할 수 있는 것을 안 하는 대신에 다른 것을 하고 계시잖아요.

바람: 제가 무엇을 하고 있다는 말씀이신가요?

상담자: 걱정만 하고 있잖아요. 논문을 못 쓰면 안 된다는 생각, 이러다가 논문을 못 쓰는 것은 아닐까 하는 의심. 나는 왜 이렇게 쓸모없이 시간을 낭비하고 있을까 하는 자기 비난, 논문을 아무렇게나 쓸 수는 없다는 부담스러운 생각.

바람: 그렇군요. 제가 필요한 것은 안 하고 저를 비난하거나 걱정하거나 의심하면서 시간을 보내고 있었네요. 왜 그럴까요?

상담자: 논문을 어떻게 쓰실 계획이세요?

바람: 남들처럼 쓰고 싶지는 않아요. 국제적으로 유명한 학술지에 실릴 정도로 인정받는 논문을 쓰고 싶어요.

상담자: 논문을 쓰는 목적이 뭐죠?

바람: 학위를 받으려고 쓰지요.

상담자: 그런데 왜 학술지에 실릴 생각을 하나요? 학위를 받고 나서 연구를 열심히 해서 논문을 쓰면 학술지에 실릴 수도 있는 것 아닐까요? 그게 더 현실적인 생각일 것 같은데요.

바람: 저도 모르게 자꾸 욕심을 부리는 것 같아요. 완벽주의 성향이 있는 것 같아요.

상담자: 그렇습니다. 그 완벽주의 성향이 오히려 바람님이 필요한 일을 하는데 큰 걸림돌이 되고 있지요. 자신이 마음에 들지 않는 것도 완벽주의 때문일 수 있어요.

바람: 어떻게 해야 완벽주의에서 벗어날 수 있을까요?

상담자: 생각이 일어날 때 멈추고 바라보는 연습을 해 보세요. 그러면 완벽주의가 보일 거예요. 완벽주의는 일종의 환상이기 때문에 직면하는 순간 힘을 잃습니다. 깊이 생각할 것이 아니라 호흡을 하면서 마음을 살피는 것을 연습해 두시면 완벽주의의 지배에서 벗어날 수 있어요.

현실적으로 불가능한 지나치게 높은 기준을 가지고 현실의 자기를 비난하는 것이 완벽주의. 완벽주의에 빠지면 만족이란 것을 모르고 정신없이 욕구만 키운다. 그래서 이룰 수 없는 욕구를 가지기 때문에 필연적으로 좌절하게 되고, 그 결과 자신을 비난하는 악순환에서 벗어나지 못한다. 멈추고 바라보아 현실성을 회복할 때 비로소 이 악순환의 고리가 끊어진다.

이 상담에서 내담자는 자신의 완벽주의 성향을 어렴풋이 알고 있었다. 상담을 통해서 현재 자신이 겪고 있는 어려움이 완벽주의에서 비롯됨을 이해하고 나서 내담자는 비로소 논문 작업을 시작할 수 있었다. 나아가서 평소 자신을 못마땅하게 여겼던 이유도 알게 되어 자기 비난을 멈출 수 있었다. 현재는 논문을 거의 완성했으며 강의도 자신 있고 활기차게 하고 있다.

자신이 가지고 있는 재능과 현실적 한계를 있는 그대로 보고 적절한 노력을 하면 필요한 능력을 키울 수 있는데, 완벽주의라는 허상에 사로잡히면 초조감과 걱정만 늘게 되고 기왕에 가지고 있던 잠재력마저 잃어버릴 위험이 있다. 그래서 자기를 성찰하는 일은 꼭 필요하고 쓸모가 많은 작업이다. 자기를 있는 그대로 볼 때 스스로 자기를 괴롭히는 어이없는 행동을 멈출 수 있다.

2. 그 문제에 연관된 요인들은

물에 빠진 사람을 구하려고 할 때 어떤 점들을 살펴야 할까? 얼마나 긴급한 상황인지, 구할 수 있는 방법이나 도구는 어떤 것들이 있는지, 도울 사람들은 얼마나 있는지들을 살펴야 한다. 마찬가지로 내담자의 문제를 둘러싼 환경적인 요인을 충분히 알아두면 문제를 분석하고 대안을 찾아갈 때 최선의 선택을 할 수 있는 확률이 높아진다.

내담자 문제와 연관된 환경 요인 가운데 가족 관계는 거의 필수라 할 만큼 중요하다. 한 사람의 성격과 가치관, 사고방식은 그가 자라난 가정환경 속에서 대부분 형성된다. 부모나 형제의 성격과 상호작용 방식들은 보통 내담자의 성향과 아주 밀접한 관계가 있다. 그래서 가능하다면 부모뿐 아니라 그 윗세대까지도 기본적인 정보를 얻어두는 것이 좋다. 특히 내담자가 그들과 주로 주고받은 이야기나 강하게 남아 있는 기억 같은 것들은 내담자를 이해하는 데 아주 쓸모가 큰 정보들이다.

다음으로 중요한 것이 현재 내담자가 겪고 있는 어려움과 관련된 환경적 요인들이다. 관계가 껄끄러운 사람들은 누구이며 어떤 부분에서 부딪히는지, 의지가 되는 사람들은 누구이며 어떤 면에서 그러한지, 일반적인 다른 사람들과 어떤 식으로 교류를 하고 있는지에 관한 정보를 탐색할 필요가 있다.

내담자의 내면 갈등이 큰 비중을 차지하는 문제라 하더라도 외적인 상황이나 대인관계들을 알아두는 것은 여러모로 도움이 된다. 내담자가 가까이 지내는 사람들의 특징을 내담자도 가지고 있을 확률이 크다. 유유상종이라 하지 않는가. 서로 비슷한 기운을 가진 사람들끼리 뭉치는 것은 자연스러운 일이다. 외부 환경과 동떨어진 내면 문제는 없다고 보아도 된다.

문제와 연관된 환경 요인들을 탐색할 때 주의할 점은 고정관념과 선입견이다. 흔히 학교에서 폭력 문제가 생기거나 사고가 발생하면 문제를 일으킨 아이의 가정환경을 들먹이면서 '가정이 화목하고 단란하지 못해서 그렇다.'는 식의 분석을 하는 전문가들이 있다. 이것이 고정관념의 대표적인 예라고 할 수 있다. 그냥말로 귀에 걸면 귀걸이고 코에 걸면 코걸이라는 식이다.

그것이 사실과 다를지라도 많은 사람이 공유하면 마치 사실인 것처럼 받아들여지는 경우가 있는데, 우리 사회에 만연하는 수많은 고정관념에서 이런 오류를 쉽게 발견할 수 있다. 많은 사람이 고정관념의 피해를 보면서도 쉽게 고정관념을 떨치지 못하는 것도 현실이다. 어떤 판단을 할 때에는 보통 주변의 다른 사람들이 어떤지 살피면서 하기 마련이다. 즉, 주변 사람들이 가지고 있는 생각이나 태도에 쉽게 영향을 받게 되는 것이다. 그래서 고정관념을 깨고 벗어나기 어렵다.

더구나 고정관념이 내면에 자리 잡으면서 선입견으로 굳어 버리면 그야말로 색안경을 낀 꼴이다. 이런 상태에서는 사실을 있는 그대로 보지 못한다. 많은 사람이 고민에서 벗어나지 못하는 이유가 대부분 선입견 때문이라고 보아도 될 정도다. 특히 권위를 가진 사람의 선입견은 다른 사람들한테 큰 영향을 미치기 때문에 상담자가 선입견을 가진다면 치명적이다.

같은 조건에서도 완전히 다른 대응이 가능하다. 예를 들어, 가난을 미워하고 증오한 사람은 가난을 벗어나고 나서 가난한 사람들을 멸시하거나 미워하기 쉽다. 하지만 가난을 인정하고 노력해서 가난을 벗어난 사람은 자신이 겪은 가난의 괴로움을 잊지 않고 가난한 사람들을 위해 따스한 마음을 쓰기도 한다. 이런 경우에 '가난한 사람들은 다른 사람들을 무시하거나 미워하곤 한다.'는 식으로 고정관념이 생겼다면 이는 명백한 오류다.

그래서 문제를 파악할 때 외부 환경적인 요인을 탐색하면서 반드시 그 환경을 내담자가 어떻게 해석하고 받아들이고 대응했는지 내면 심리를 함께 고려해야 한다. 이것이 고정관념이나 선입견의 피해를 막는 방법이다.

사례:

그냥 눈물이 나요 (슬픔)

30대 초반 남성. 회사원.

가족의 잇따른 죽음에 괴로움 호소.

별칭: 상실

상실: 석 달 전에 둘째 누나가 죽었습니다. 작년에는 첫째 누나가 죽었고, 부모님은 제가 군대에 있을 때 연이어 돌아가셨어요. 이제 제 가족은 하나도 없습니다. 그런데 슬프지도 않았어요. 그냥 이게 꿈이 아닐까 하는 생각만 듭니다.

상담자: 슬픔이 너무 크면 느낌이 그냥 먹먹하기만 하기도 하더라고요. 저도 부모님 돌아가셨을 때 눈물이 안 나왔어요. 오히려 산 사람이 슬퍼하는 걸 보고 저도 울더군요. 가족들을 여의게 된 과정을 조금 더 자세히 말씀해 주실 수 있을까요?

상실: 부모님은 참 사이가 좋으셨습니다. 아버지가 암 투병을 오래 하시다가 돌아가시니까 어머니도 곧 뒤따라 가시더군요. 아버지 장례를 치른 지 한 달 만에 어머니가 그냥 돌아가셨어요. 아마 아버지를 따라 가신 것 같아요. 우리 삼 남매는 그때 정말 많이 울었습니다. 그리고 그 후 저는 제대하고 복학해서 학교를 다니고 있었고 큰 누나는 결혼을 했어요. 좋은 사람을 만나서 행복하게 사나 싶었는데, 누나도 작년에 암 선고를 받고 한 달도 되지 않아 급작스럽게 저 세상으로 갔어

요. 작은 누나는 정신적으로 문제가 조금 있어서 제가 돌보지 않으면 안 되는데, 큰 누나 죽은 뒤로 상태가 아주 나빠지더니 시름시름 앓다가 석 달 전에 그냥 조용히 숨을 거두었어요.

상담자: 가족 사이에 남다르게 애틋한 정이 있는데 야속하게도 무자비하게 애정의 끈이 잘렸군요. 정말 상심이 크시겠어요.

상실: 그런데 이상하게도 작은 누나가 가니까 마음 한편이 가벼운 거예요. 속이 뻥 뚫린 것 같은 허무감이 드는 가운데 무거운 짐이 벗겨진 홀가분함 같은 느낌도 있더군요. 혼란스럽습니다. 제 자신이 이상하기도 하고요.

상담자: 생각으로는 마음에 슬픔이 가득해서 다른 여지가 없어야 하는데 짐을 벗은 것 같은 홀가분함이 드는 것을 보고 자신이 이기적이라 보였나 보죠?

상실: 누나는 참 불쌍한 사람이었고, 그런 누나를 보면서 그냥 미안하기도 했는데, 누나가 없어져서 짐을 벗었다고 좋아하는 게 인간인가 싶기도 해요. 도대체 나란 놈이 어떤 놈인지 헷갈려요. 제가 그렇게 경멸하는 괴물 같은 인간의 모습이 제게도 있는 것일까요?

상담자: 전혀 생각하지 못했던 마음이 일어나는 것을 보고 많이 당황스럽죠? 그런데 그건 상실님이 마음을 잘 몰라서 그런 거예요. 우리 인간이 가지고 있는 마음은 참 오묘해서 바늘 하나 꽂을 곳이 없을 만큼 작기도 하다가 온 세상을 담고도 남을 만큼 크기도 하다가 하거든요. 큰 슬픔 속에 있으면서도 얼마든지 다른 마음이 함께 있을 수 있는 겁니다.

상실: 하긴 가만히 생각해 보면 부모님이 돌아가셨을 때도 수많은 생각을 했던 것 같아요. 큰 누나의 죽음 앞에서도 큰 누나를 애도하는 마음도 있었지만 앞으로 어떻게 살아갈까 하는 막연한 걱정과 작은 누나를 보살펴야 한다는 부담감이 더 크게 밀려 왔었죠. 그러고 보니 늘 여러 가지 마음이 동시에 있었네요.

상담자: 그렇습니다. 상대적으로 크고 비중이 있는 마음이 있고 작고 비중
이 적은 마음이 있을 뿐이지 정말 다양하고 복잡한 마음들이 동시에
존재하는 게 우리 마음의 본 모습이에요. 어느 하나가 전부라고 착각
해서 다른 마음을 무시하거나 부정하게 되면 자기 자신을 이해하기
어렵죠. 작은 누나가 죽은 뒤에 어떻게 살고 있나요?

상실: 전 지금 회사에 다니고 있습니다. 들어간 지 3년쯤 되었는데 무난하
게 잘 적응하고 있어요. 일도 열심히 하고 있지요. 그런데 작은 누나
가 죽은 다음부터는 일도 손에 잡히지 않고 저도 모르게 한숨을 쉬곤
해요. 혼자 있을 때는 이유 없이 눈물이 흐르고 그냥 이대로 죽어버
릴까 하는 생각을 하다가 깜짝 놀라기도 합니다.

상담자: 이제 점점 누나의 죽음이 실감 나시는 것 같네요.

상실: (울음) 그런 것 같아요. 요즘은 꿈에도 가끔 나타나요. 꿈에 나타나서
는 말없이 나를 보면서 방긋 웃는 거예요. 그러다가 '나 이제 가야 해.
잘 있어.' 하고는 멀리 사라지지요. 꿈속에서 저는 누나한테 한마디도
못 해요. 그리고 깨고 나면 그냥 눈물이 또 나요.

상담자: 아마도 상실님 잠재의식에서 그만 누나를 놓아주라고 하는 것 같
네요. 미안해하지 않아도 된다고, 누나는 잘 있으니 죄의식 갖지 말고
네 삶을 잘 살라고 하는가 봅니다.

상실: 그 꿈이 그런 뜻일까요?

상담자: 사실 꿈이 어떤 뜻인지는 알 수 없어요. 어떻게 해석하는지에 따라
의미가 완전히 달라지지요. 상실님은 아직 슬픔에 빠져 있기 때문에
잠재의식에서 균형을 잡기 위해 그런 꿈을 만들어 내는 것일 수 있어
요. 아무튼 그간 겪었던 불행한 일들을 이제는 정리하고 상실님 자신
의 삶을 힘차게 살아가야 할 때가 아닐까요?

상실: 왜 나한테 이런 일이 벌어졌을까 하는 생각을 수없이 했어요. 그리고
계속 이렇게 무기력하게 사는 것을 부모님이나 누나들이 좋아할까
하는 생각도 했죠. 그래서 심리 공부를 해 볼 생각입니다. 저처럼 이

렇게 마음 아픈 사람들한테 힘이 되고 싶어요.

상담자: 슬픔 속에서 정말 마음 깊이 내려가 보신 것 같네요. 그리고 최선의
길을 스스로 찾으신 것 같습니다. 응원할게요.

상담을 마치고 내담자는 온라인 대학 상담심리학과에 편입해서 공부를 하기 시작했다. 이 상담 이후 1년쯤 지나서 내담자를 다시 만났을 때 그는 몰라볼 정도로 달라져 있었다. 사람의 아픔을 대하는 깊은 공감적인 태도와 함께 유머로 가볍게 넘기면서 슬픔에 빠진 사람에게 든든한 지원을 해 주는 크고 넓은 마음이 느껴졌다. 자신이 겪은 큰 슬픔을 멋지게 승화시킨 그가 정말 믿음직스러웠다.

인생을 살아가면서 어떤 상황이든 올 수 있다. 예상하지 못한 재앙을 만났을 때, 어떤 사람들은 '왜 하필 나에게 이런 일이 생기느냐' 하면서 하늘을 원망하거나 운명을 탓하거나 세상에 저주를 퍼붓기도 한다. 그런데 같은 상황에서 또 다른 어떤 사람들은 자신에게 닥친 상황을 묵묵히 받아들이고 자신을 지키려 애쓰면서 돌파하고자 한다. 이들에게 닥쳐 온 시련은 재앙이 아니라 아주 훌륭한 선물이 되고 만다. 이를 승화라고 한다.

슬픔을 승화시키면 정말 순결한 고귀함이 된다. 슬픔은 눈물을 동반하고 물은 다른 것을 깨끗이 씻어 주는 기능이 있다. 그래서 슬픔은 마음을 깨끗하게 정화해서 고결하게 하는 힘을 담고 있다. 슬픔을 거부하거나 부정하지 않고 그대로 받아들이며 그 속에 잠겨 있을 때, 정화가 일어나고 슬픔과 고통은 아름다움으로 승화된다.

사람이 겪는 모든 감정은 다 나름대로 쓰임새가 있다. 아픔은 아픔대로 슬픔은 슬픔대로 기쁨은 기쁨대로 다 제각각 상황에 맞는 쓰임새가 있다. 좋은 감정이라고 붙잡으려 하고 싫은 감정이라고 밀쳐 내려고 하는 것은 인간적이긴 하지만 어리석다. 슬픔을 승화시켜서 자신의 삶이 더 깊어지고 깨끗해진다면 슬픔이 찾아오지 않기만을 바랄까? 어떤 마음이든 반갑게 맞이하고 거기서 얻을 수 있는 것을 얻으려고 애쓴다면 위기는 늘 기회가 될 것이다.

3. 내담자 자신의 관점은

'세 살 버릇 여든까지 간다.'는 속담이 있다. 한 번 형성된 습관은 좀처럼 바꾸기 어렵다는 말이다. 내담자의 성장 배경과 과거사를 탐색하는 것도 내담자의 현재 모습을 이해하기 위해서다. 자라면서 겪은 경험이 성격이나 행동 습관을 형성하는 데 아주 중요한 역할을 하기 때문이다. 그런데 어떤 일을 겪었는지만 관심을 가지면 반쪽짜리 정보밖에 얻지 못한다.

온전한 정보를 얻으려면 내담자가 겪은 일들을 객관적으로 파악하는 것과 함께 내담자의 내면을 연관해서 살펴야 한다. 발생한 일과 그 일을 내담자가 어떻게 기억하고 있으며 감정은 어떠한지 종합해서 탐색하면 아주 중요한 정보를 얻을 수 있다. 보통 이 과정에서 내담자는 새로운 통찰을 얻기도 한다. 자기 입장으로만 보다가 객관적으로 살피게 되면서 당시에 미처 보지 못했던 부분까지 보이고 새로운 느낌을 갖게 되는 것이다.

상황이나 환경 때문에 자신이 힘들어졌다고 생각하다가 같은 상황에서 자신이 어떻게 받아들이고 대응했는지 살피면서 다른 조망을 갖게 된다. '그런 상황이라면 누구나 다 그렇지 않겠나.' 하고 막연하게 생각하다가 '그때 다른 식으로 이해하고 다르게 대응할 수도 있었 구나.' 하는 점을 발견하게 되면, '어쩔 수 없던 일'이 '어찌해 볼 수 있 는 일'로 달리 보인다.

외부의 영향을 속절없이 다 받아 버린다면 자유가 구속되어 있는 것이다. 하지만 자신의 자유의지로 무엇인가 선택할 수 있다면 그만 큼 자유롭다 하겠다. 자신의 관점을 객관적으로 살피게 되면서 전에 가지고 있던 피해의식이나 무력감에 균열이 생긴다. 이것이 현실적 인 희망이 되고 치유와 성장의 실마리가 된다.

'너 때문에 화가 나!' 하다가 '나의 이런 행동에 네가 언짢았구나!' 로 시각이 바뀌면 이는 천지가 개벽하는 사건과 같다. 자신에게 날아 오는 돌을 피하느라 여념이 없다가 돌이 날아오게 한 자신의 행동을 발견하고 그 행동을 바꿈으로써 문제를 근본적으로 해결하는 것이 다. '모든 일은 내가 지어서 내가 받는다.'라는 원리를 이해하면서 자 기를 책임질 줄 알게 되고 진정한 자유를 얻는다.

문제를 파악하는 과정에서 내담자 자신의 내면에 관심을 가지고 초점을 맞추어 가면 그 자체로 대단한 치유와 성장의 체험이 되기도 한다. 하지만 이것이 자연스럽게 물 흐르듯 쉽게 되기는 현실적으로 어렵다. 왜냐하면 내담자가 가지고 있는 수많은 고정관념과 선입견 이 있는 그대로 문제를 바라보는 데 방해가 되기 때문이다. 상담자는 이런 방해를 뚫고 내담자를 직면시켜 가면서 진실을 확인하는 작업 을 해야 한다.

내담자가 느끼는 문제와 상담자가 파악하는 문제가 다를 수 있다. 상담자가 공감을 못 해서 다른 것이 아니다. 내담자는 자신의 내면 심리를 충분히 고려하지 않고 경험자 입장에서 주로 보는 반면, 상담자는 내담자의 내면 심리와 상황, 사건들을 엮어서 전체적으로 바라보는 관찰자의 입장을 가지기 때문이다.

내담자가 상담자의 시각을 받아들이면서 자신을 새로운 관점에서 보기 시작하면 비로소 심층 상담이 시작되는 것이다. 내담자가 가진 좁은 시각, 선입견, 고정관념들의 한계와 오류를 밝혀내고 바로잡아 가는 과정이 분석 과정이다. 이제 분석 과정을 살펴보자.

사례:

끊이지 않는 잡념 (의심증)

40대 후반 여성. 가정주부.
원인 모를 불안과 외로움 호소.
별칭: 갈대

갈대: 아무리 찾아도 찾을 수가 없어요. 도대체 왜 이렇게 불안한지 원인을
　　　찾으려고 해도 통 알 수 없어요. 겉으로 보기에는 아무런 문제가 없
　　　지만 전 늘 불안해요.

상담자: 무엇이 불안한지 예를 들어 말씀해 주시겠어요?

갈대: 항상 마음이 편하지 않아요. 가만 생각해 보면 딱히 불안할 만한 것도
　　　없어요. 그런데 늘 조바심이 나 있는 것 같아요. 예를 들라니까 막상
　　　떠오르는 것이 없네요.

상담자: 불안이란 것은 불확실한 데서 느끼는 감정이지요. 그러니 구체적으
　　　로 말하려고 하면 좀처럼 잘 잡히지 않습니다. 언제부터 불안했는지
　　　살펴볼까요?

갈대: 어릴 때부터 그랬어요. 형제가 많다 보니까 부모님은 막내인 저에게
　　　관심을 주지 않으셨죠. 언니들도 저한테 살갑게 대한 사람은 없어요.
　　　저는 응석 한 번 제대로 부려 본 기억도 없어요. (눈물)

상담자: 가족들의 관심을 받지 못한 채 어린 시절을 보내셨군요.

갈대: 아무도 제겐 관심이 없었어요. 사춘기 때 부모님께 물어보았어요. '나

를 왜 낳았느냐고, 사랑을 주지 않을 거면 뭐하러 낳았느냐고.' 아예 상대를 안 해 주시더군요. 죽어라고 공부해서 성적이 올라도 칭찬 한 번 듣지 못했고, 나보다 훨씬 공부를 못 한 오빠는 과외공부까지 시켜 가며 대학을 보내면서도 제가 대학에 가려는 것은 별로 달갑게 여기지 않으셨어요. 전 가고 싶은 대학을 포기하고 장학금을 받을 수 있는 대학을 졸업했어요.

상담자: 오빠하고 차별 대우를 받은 것이 억울하신가 보네요.

갈대: 억울해요. 부모가 되어서 어떻게 그럴 수 있죠? 결혼하고 나서도 달라진 건 없어요. 저는 언제나 눈 밖에 나 있는 것 같아요. 속을 썩인 적도 없고 말썽을 부린 적도 없는데 늘 부모님의 눈길은 다른 형제들한테로 향하는 거죠. (눈물)

상담자: 왜 그렇게 부모님의 관심에 집착하시죠?

갈대: 부모라면 자식을 애정으로 길러야 하는 것 아닌가요? 우리 부모님은 책임을 다하지 않은 거잖아요.

상담자: 부모님도 사정이 있겠죠. 그런데 제가 궁금한 것은 갈대님이 왜 아직까지도 부모님의 관심을 받으려고 하느냐는 겁니다.

갈대: 사과라도 듣고 싶어요. 자식한테 그러면 안 되는 거잖아요. 낳았으면 책임을 져야지, 그냥 방치하는 것은 부모로서 직무유기 아닌가요?

상담자: 지금 자녀분들이 있으시죠?

갈대: 예, 아들만 둘이에요. 고등학생하고 중학생.

상담자: 아이들에게 관심과 애정을 충분히 주시나요?

갈대: 아이들이 어떻게 느낄지 몰라도 저는 최선을 다하고 있어요.

상담자: 아이들이 엄마의 관심과 사랑을 고마워하나요?

갈대: 가끔은 간섭하지 말라고 하고 말을 안 듣기도 해요. 그래도 사이는 좋은 편이에요.

상담자: 남편하고 관계는 어떻습니까?

갈대: 성실하고 가정적이에요. 아이들은 저보다 남편을 더 좋아하는 것 같

아요. 그렇지만 밖에서 무얼 하고 다니는지는 잘 모르겠어요. 물어봐도 대답을 분명하게 안 하고 말끝을 흐리곤 하지요. 저를 진심으로 사랑하는 것 같지는 않아요. 그냥 무난한 정도랄까.

상담자: 갈대님이 여태까지 살면서 '이 사람이 진심으로 나를 대하는구나.' 하고 느낀 적이 있나요?

갈대: 없어요. 제가 여러 가지 활동을 하는데 만나는 사람들이 저를 별로 좋아하는 것 같지 않아요. 얼마 전에 제가 편집을 맡은 일이 있었는데 글을 쓴 사람한테 의견을 이야기했더니 굉장히 화를 내더군요. 그 사람의 무례함에 치가 떨렸지만 그냥 속으로 삭였어요. 어떤 사람은 저하고 같이 일하고 싶다 하는데 그런 제의를 받으면 불안해져요.

상담자: 무엇이 불안하죠?

갈대: 이 사람이 나를 잘 몰라서 그렇지 제대로 알면 이런 제안을 하지 않을 거라고 생각해요. 그래서 누군가 저한테 손을 내밀면 덥석 잡을 수가 없어요. 휴~ 제가 왜 이러는 걸까요?

상담자: 갈대님 마음속에 의심덩어리가 크게 자리 잡고 있나 봅니다. 그래서 빈자리가 없나 봐요.

갈대: 그런 것 같아요. 사람을 만나면 긴장부터 되고 보통 다른 사람들은 오래 만나면 편해진다고 하는데 전 그렇지 않아요. 아무리 오래 알고 지내도 친한 느낌을 갖지 못해요. 긴장이 풀어지지 않지요. 이게 다 애정 결핍 때문 아닌가요?

상담자: 애정 결핍 때문이라고 생각하시니까 부모님의 인정에 그렇게 집착하시나 봅니다.

갈대: 저는 아무리 생각해도 제가 부모님의 애정을 받지 못해서 다른 사람들하고 좋은 관계를 못 맺는 것 같아요. 책에서도 그렇게 봤고 이전 상담 선생님도 그러셨어요. '사랑을 받아 본 사람이 사랑을 줄 줄 안다.'고.

상담자: 사랑을 못 받아서가 아니라 사랑을 못 받았다고 생각하기 때문입

니다. 애정 결핍은 객관적인 것이 아니라 느끼는 사람의 마음이 중요해요.

갈대: 제 부모님이 저한테 사랑을 주지 않은 것은 분명한 사실이잖아요.

상담자: 지금 내가 다른 사람들과 친밀한 관계를 맺지 못하고 경계를 하며 긴장을 풀지 못하는 것은 갈대님이 의심을 가지고 대하기 때문이지 부모님 탓이 아닙니다.

갈대: (언성을 높이며) 이해가 안 돼요. 부모님이 사랑을 주었더라면 제가 마음속에 의심덩어리를 갖지 않았을 거예요. 그런데 그게 어째서 제 책임이라는 거죠?

상담자: 누구 책임이냐 하며 시비를 가리는 마음으로 문제를 풀려고 하니까 답이 보이지 않는 거예요. 자신이 내고 있는 경계심을 어떻게 해 볼 생각은 않고 부모님 탓을 하고 있으니 스스로 문제를 해결할 수 없지요. 분명히 말하지만 어릴 때 경험이 지금의 갈대님을 만든 것이 아니라 갈대님 자신이 붙들고 놓지 않는 생각이 문제를 일으키는 겁니다.

갈대: (눈물을 흘리며) 이전 상담 선생님도 그러셨단 말이에요. 내 잘못이 아니라고. 부모님이 충분한 사랑을 주지 않아서 내가 대인관계에 서툰 거라고. 너무 혼란스러워요.

상담자: 스스로 잘 판단해 보지 않고 남의 말을 들으며 자기 마음대로 편집하니까 헷갈릴 수밖에 없지요. 그런 방식으로는 의심을 해결할 수 없습니다. 억울해하는 마음, 탓하는 마음으로 문제를 보면 제대로 보이지도 않고 바른길을 찾을 수 없어요. 의심과 원망하는 마음을 일단 접어두고 진짜 사실은 무엇인지 차분히 살펴보는 자세가 필요합니다.

Tip

이 상담은 뚜렷한 상담 효과를 거두지 못한 채 끝나 버려 아쉬움이 남았다. 내담자는 수많은 생각에 압도되어 남의 말을 제대로 소화하지 못 하는 상태였고, 피해 의식이 심해서 쉽게 흥분하고 자책하는 악순환에 빠져 있었다. 경제적인 이유로 상담을 10회만 하기로 했기 때문에 만족스럽지 않은 채 상담을 마쳐야 했다. 상담 과정에서 어느 정도 자신을 성찰하는 연습이 되긴 했지만 뿌리 깊은 의심증을 뽑아 내는 데는 부족했다. 그래도 원망하는 마음은 많이 줄었고 자신이 일으키는 마음을 돌아볼 줄 알게 되었다.

지나치게 의심이 많은 성향에서 수많은 잡념이 일어난다. 마치 홍수가 밀려오는 것처럼 생각이 마구 일어나면서 마음은 큰 혼란에 빠지고 만다. 홍수가 나면 도로도 제 기능을 못 하고 귀한 물건들이 물에 잠겨 망가지는 것처럼, 생각의 홍수에 빠지면 판단력을 상실하고 사랑이나 자비심, 선의지 같은 훌륭한 정신 자원이 묻혀 버린다. 그래서 의심증이 무서운 것이다.

이 내담자는 머리가 좋고 열정이 많다는 좋은 장점을 가지고 있다. 그런데 좋은 머리를 의심하는 데 써버려서 정작 자신의 인생을 원하는 대로 풍요롭게 가꾸는 데에는 마음을 쓰지 못했고, 뜨거운 열정을 부모님을 원망하는 데 쓰다 보니 정작 좋은 일에 쏟을 에너지가 부족했다. 같이 일하자는 제의를 받아도 스스로 자신 없어 하며 물러서고 나서는 또 자신을 쥐어박는 식으로 자기 삶을 점점 혼란과 어둠으로 몰아가고 있었다.

충분한 기간동안 자성상담으로 의심증을 다스렸다면 확실하게 방향을 바꿀 수 있었을 것이다. 그래도 제한된 여건에서 홍수를 막을 제방을 어느 정도 마련한 것을 그나마 위안으로 삼는다. 실제 상담에서는 흡족한 결과를 가지고 상담을 마치기보다는 이렇게 아쉬운 채로 부분적인 성과에 만족해야 하는 경우가 훨씬 많다.

05 분석: 원인과 조건을 살핀다

　현상이 파악되면 이어서 그 문제의 원인과 조건을 밝혀내는 분석 작업으로 들어간다. '왜 문제가 생겼는지' '그 문제가 없어지지 않고 지속되는 이유가 무엇인지' 그리고 '내담자는 어느 정도로 문제를 이해하고 있는지' 꼼꼼하게 헤아리며 철저하게 분석한다. 특히 이 과정에서 내담자가 분석되는 내용을 이해하고 납득할 수 있어야 한다. 상담자가 일방적으로 내담자에게 주입하듯 알려주는 방식은 도움이 되기는커녕 상담이 엉뚱한 길로 빠질 위험도 있다. 내담자가 이해하고 받아들이는 수준을 고려해 가면서 차근차근 분석해야 한다.

사례:

사람이 어려운 이유 (인간관계)

20대 중반 남성. 취업준비생.
대인관계의 어려움 호소.
별칭: 동굴

동굴: 저는 왜 사람이 어려울까요? 오래된 친구들하고 있으면 유머도 잘하고 분위기를 이끌 줄도 아는데, 그래서 재미있다는 소리도 잘 듣는데, 여자 친구하고 단둘이 있거나 처음 만나는 사람과 이야기를 나누거나 나이 드신 분들과 있으면 심하게 긴장이 되고 얼어붙곤 해요. 결국 여자 친구하고 헤어졌는데 왜 헤어지게 된 것인지 아직도 모르겠어요.

상담자: 특히 어려움을 느끼는 경우가 어떤 상황인가요?

동굴: 다 비슷한 것 같아요. 어떤 상황이 더 어렵다기보다는 아주 친숙한 사람들이 아니면 긴장을 지나치게 하는 것 같아요.

상담자: 왜 그런지 스스로 찾아보지는 않았나요?

동굴: 모르겠어요. '이것 때문이구나!' 할 만한 것을 못 찾겠어요.

상담자: 지금 저하고 이야기하시면서도 상당히 긴장을 하고 계신 것 같은데.

동굴: 예, 솔직히 그래요. 마음이 편하지 않아요.

상담자: 무엇이 두려우신가요?

동굴: 선생님이 나를 어떻게 생각하실까, 이상한 놈으로 보지 않을까 하는

걱정이 있어요. 저를 도와주실 수 있는 분이라고 알고 있는데도 마음 한편에서는 그런 걱정이 자꾸 일어나요. 안 하려고 해도 어쩔 수가 없어요.

상담자: 혹시 저를 보면서 누군가 떠오르는 사람이 있나요? 물론 저하고는 상관이 없는 사람이지만 동굴님한테 영향을 주는 사람 중에 그 누군가와 어떤 비슷한 면이 느껴진다거나 하는.

동굴: 비슷하진 않지만 아버지가 떠올라요.

상담자: 아버지하고 관계는 어떠세요?

동굴: (표정이 굳어짐) 아버지는 그냥 좋게 말하시는 적이 없어요. 좋은 말로 해도 될 것을 신경질적으로 야단치듯 말씀하시거든요. 형은 듣는 둥 마는 둥 하면서 그리 큰 영향을 받지 않는 것 같은데, 저는 아버지한테 그런 말을 들으면 기분이 굉장히 나빠져요.

상담자: 흘려듣는 형이 어때 보여요?

동굴: 그리 좋아 보이지는 않아요. 형의 태도에도 문제가 많죠. 그래서 나한테 더 많이 비난이 오는 것 같기도 하구요.

상담자: 형의 대응은 마음에 들지 않는다는 말씀이시죠? 그렇다면 동굴님 자신은 어떻게 대응하시나요?

동굴: 좋게 말씀해 달라고 몇 번 말씀드리기도 했고, 아버지가 실수하실 때도 있지 않느냐고 따져 보기도 했어요. 그런데 별 효과가 없어서 이젠 그냥 아무 말도 하지 않아요. 화가 나는 걸 삭이면서 참곤 해요.

상담자: 어머니는 어때요?

동굴: 어머니는 아버지의 기분을 맞추시느라 쩔쩔매시는 것 같아요. 오히려 우리 형제를 타이르시는 편이죠.

상담자: 그러면 가족 관계 속에서 동굴님이 속을 터놓고 이야기할 대상이 없는 것인가요?

동굴: 그래도 어머니한테 이야기를 하지요. 적어도 어머니는 잔소리를 하지는 않으시니까, 시원한 소리는 못 듣더라도 답답한 속내를 어머니한

테 털어놓는 편이에요.

상담자: 아무튼 화목한 가정 분위기는 아닌 것 같네요. 서로 정이 오가는 친밀한 대화를 나눈다거나 힘이 되게끔 격려하거나 관심을 보여 주는 그런 분위기는 아닌가 봅니다.

동굴: 그렇죠.

상담자: 혹시 아버지한테 자주 듣는 이야기가 있나요? 마음에 거슬리는.

동굴: 뭐 아버지가 심하게 간섭을 하시는 건 아니에요. 그런데 제가 취업을 못 하고 있으니까 자꾸 눈치를 보게 되죠. 아버지도 내심 저를 한심하게 여기는 것 같고. 그래서 취업 준비를 열심히 하려고 하는데 그것도 마음대로 되지는 않아요.

상담자: 동굴님이 아버지한테 갖고 있는 감정은 무엇일까요?

동굴: 별 감정 없어요.

상담자: 혹시 아버지한테 보란 듯이 성공하겠다는 승부욕 같은 것을 갖고 있지는 않나요?

동굴: 있죠. 그런데 자신은 없어요.

상담자: 여자 친구 사귈 때도 그 비슷한 감정이 있었을 것 같은데요?

동굴: 늘 떳떳하지 못했죠. 내가 변변치 않으니 눈치를 많이 보게 되었던 것 같아요. 부당하게 화를 내도 그냥 받아주고. 그러다 보니 여자 친구가 답답해했어요. 그래도 별수 없었죠. 결국 헤어지게 되었는데 어쩔 수 없잖아요.

상담자: 다른 사람들이 동굴님을 보면 어떻게 생각할 것 같아요?

동굴: 잘 모르겠어요. 그리 좋아하지는 않을 것 같아요.

상담자: 대인관계의 어려움이 아마도 동굴님의 그런 생각 때문이지 않을까 싶네요. '나는 별 매력이 없고 다른 사람들이 별로 좋아하지 않을 것이다.' 하는 생각 말이에요. 그런데 그것보다도 더 치명적인 문제가 있어요. 동굴님은 사람을 좋아하고 사귀고 싶나요?

동굴: 그것도 잘 모르겠어요. 제가 정말 사람들과 잘 지내고 싶은지 모르겠

어요. 치명적인 문제라는 게 이걸 말씀하시는 것인가요?

상담자: 그래요. 동굴님의 욕구가 분명하지 않고 생각이나 감정이 어떤지 잘 드러나지 않아요. 아마도 아버지한테 가지고 있는 오기 같은 것이 있어서 다른 사람들한테 접근하기도 어렵고 다가오는 사람한테 마음을 열기도 어려운 것 같아요. 자동적으로 감정을 억압하고 숨기는 데 익숙해져 버린 것 같다는 말이에요.

동굴: 그런 것 같아요. 사람들을 만나면 비난받을까 봐 걱정하거든요. 내가 어떻게 하고 싶은지 뭘 원하는지 그것도 사실 잘 모르겠어요.

상담자: 모르겠다고 하시지만 속에 가지고 있는 불만이나 걱정. 오기 같은 부정적인 감정들을 들킬까 봐 자동으로 긴장하곤 하지요. 그러니 상대가 보이는 마음을 알아차려서 적절하게 대응하면서 사귐을 이어가기 어려운 거예요. 먼저 내 감정부터 정리하고 다스려야 대인관계를 원만하게 가질 수 있을 겁니다.'

대인관계를 원만하게 가지지 못하는 이유는 참 다양하다. 하지만 공통점이 있다면 부정적인 감정이 있고, 그 감정이 그대로 튀어나올까 봐 신경을 쓰느라 관계 자체에 쓸 정신 에너지를 빼앗긴다는 점이다. 이 내담자의 경우에는 아버지한테 듣는 핀잔을 제대로 처리하지 못하고 소화하지 못한 채 마음에 품고 있으니 일반적인 대인관계에서 어려움을 겪는다. 비난받을까 봐 두려워하는 데 마음을 빼앗기니 좋은 관계로 발전시키는 데 필요한 에너지가 부족한 것이다.

이렇게 내면에 정리되고 소화되지 못한 부정 감정이 있는 채 관계를 깊이 가지게 되면 큰 문제가 생기기도 한다. 데이트 폭력이라든가 스토킹, 가정 폭력 같은 것들이 내면에 폭탄을 안고 깊은 관계를 맺을 때 초래되는 비극이라 하겠다. 어찌 보면 대인관계를 맺는데 어려움을 느끼는 것이 자신의 정리되지 못한 내면을 깔끔하게 다스려야 한다는 알람 신호와 같은 것일 수도 있다.

사람의 마음은 전파력이 강하다. 여럿이 모여 있을 때 어느 한 사람의 마음이 심각하게 불편하면 그 감정이 같이 있는 사람들한테 전염되듯 퍼진다. 반대로 한 사람이 아주 즐거운 기분을 가지고 있으면 같이 있는 주변 사람들도 마음이 가벼워지곤 한다. 대인관계를 맺는다는 것은 서로의 내면 에너지를 나누는 일이다. 나 스스로 다스리지 못한 부정 감정이 있으면 함께하는 소중한 인연에게 그 감정을 전염시킬 위험이 있다. 그래서 내면의 건강에 관심을 가지고 애써야 한다.

1. 왜 문제가 생겼을까

어떤 일이든 그 일이 일어나게 된 원인과 조건이 반드시 있게 마련이다. 내담자가 가지고 있는 문제도 그 문제가 비롯된 원인과 조건이 있다. 다만, 어떤 원인과 조건에서 그 문제가 생겼는지 정확하게 알지 못해서 헛다리 짚듯 엉뚱하게 수고를 하니 문제가 해결되지 않는 것이다. 문제가 시작되는 그 시점에서 무엇이 원인이고 조건인지 자세히 밝히려는 노력이 필요하다.

내담자가 문제를 인식하기 시작한 지점부터 거슬러 올라가서 그 문제가 생기게 된 상황을 객관적으로 탐색한다. 이와 동시에 내담자 자신이 그 상황을 어떻게 인식하고 받아들이며 대응했는지 함께 살핀다. 내담자가 경험한 사건은 어디까지나 내담자의 기억으로 탐색될 수 있기 때문에 기억의 왜곡이나 치우친 입장이 섞여 있기 마련이다. 왜곡된 부분을 바로잡고 치우친 입장을 더 객관적인 시각에서 균형 잡힌 시각으로 바꾸어 가면서 분석 작업을 진행한다.

문제의 원인을 찾을 때에는 내담자의 내면 심리가 원인이 되고 외부 상황들이 조건이 된다. 보통 내담자는 이를 거꾸로 인식하기 십상인데, 객관적인 분석을 통해서 이를 바로잡을 필요가 있다. '그 일 때문에 어떻게 되었다.' 하는 관점에서 '그 일에 내가 이렇게 대응함으로써 어떤 일이 뒤따른 것이다.' 하는 관점으로 전환해야 한다는 것이다.

내담자의 경험에서는 어디까지나 내담자의 행위가 결정적인 원인이 되고 사건이나 상황들은 부수적인 조건이 된다. 이렇게 분석해야 문제의 원인을 정확히 찾아낼 수 있다. 문제가 시작된 지점에서부터 내담자가 중심이 되는 시각으로 사건을 재구성하며 탐색하고 분석할 때 문제의 본질이 점점 분명하게 드러나게 된다.

내담자의 행위가 결정적인 원인이 된다는 것은 내담자한테 모든 책임이 다 있다는 책임론이 아니다. '누구 탓이냐'를 따지는 관점이 아니라는 말이다. 이 점을 혼동하면 내담자는 책임을 져야 한다는 부담감 때문에 강한 저항을 보일 것이다. 실제로 벌어진 일을 내담자 자신의 주체적인 관점에서 재구성하면서 보라는 것이지 책임 소재를 따지는 것이 아니란 점을 분명히 해야 한다.

문제가 생기게 된 정황을 객관적으로 탐색하면서 내담자 자신의 지각과 반응을 중심으로 사건을 재구성하다 보면 내담자는 새로운 통찰과 함께 자신의 선입견이나 고정관념을 발견하게 된다. 이 과정에서 내담자는 아주 심한 갈등을 겪을 수도 있고 반대로 아주 후련한 심정을 체험할 수도 있다. 자신이 잘못 보고 있거나 잘못 생각하고 있었다는 사실을 인정하는 일이 유쾌하기는 어렵지 않은가!

하지만 자신의 오류나 부족함을 그대로 인정하고 받아들이면 마음은 새털처럼 가벼워진다. 이것이 관점의 전환인데, 관점이 전환되어야 안 보이던 해결책이 보이기 시작한다. 오랫동안 가지고 있던 생각이나 관점이 깨어지고 새로운 시각을 갖게 될 때 격렬한 정서 경험이 동반되기도 하고, 어떤 경우에는 심하게 몸살을 앓기도 한다. 그만큼 분석 작업은 정신 에너지가 많이 소모되는 활동이다. '아픈 만큼 성숙한다.'는 말은 이 경우에 해당된다.

　내담자가 겪는 불안이나 공포, 혼란, 외로움, 슬픔 같은 정서적인 괴로움이나 부적응적인 행동 습관, 또는 사고의 혼란 같은 문제들은 내담자의 내면 심리와 외부 환경 사이에서 일어나는 충돌 현상이라고 볼 수 있다. 침착하고 체계를 갖춘 신중한 분석 작업을 하면서 문제의 본질이 드러나는 가운데 내담자가 문제를 대하는 시각과 태도에 변화가 생긴다.

사례:

자신을 가두는 굴레를 벗다 (자의식 탈출)

20대 초반 여성. 대학생.
대인관계에 소극적이고 자기부정이 심함.
별칭: 초록

초록: 대학에 들어와서도 친구를 사귀지 못하겠어요. 다른 사람들이 날 싫어할 거라는 느낌이 아주 강해요. 여럿이 함께 있으면 혼자 외톨이인 것 같고, 아무도 나한테는 관심을 가지지 않는 것 같아요. 점점 사람들 만나기가 겁나고 방에 콕 틀어박혀 지내기 일쑤예요. 제가 왜 이런 성격을 가지게 되었는지 모르겠어요.

상담자: 실제로 친구가 없나요?

초록: 중학교 때 친구 하나, 고등학교 때 친구 하나, 이렇게 둘이 있어요. 그런데 그 친구들도 나보다 다른 친구들과 더 친한 것 같고, 속마음을 터놓을 수 있는 친구는 하나도 없어요.

상담자: 어릴 때는 어땠어요?

초록: 초등학교 저학년 때까지는 굉장히 활달했어요. 반장도 하고 선생님들의 칭찬도 많이 받았죠. 그런데 5학년 때부터인가 성격이 변했어요. 말도 없어지고 내성적으로 조용히 있는 사람이 되었죠.

상담자: 무슨 일이 있었나요?

초록: 저하고 라이벌인 친구가 있었는데, 그 친구가 다른 친구들한테 저하

고 놀지 못하게 했던 것 같아요. 처음엔 몰랐는데 친한 친구 하나가 어느 날 할 말이 있다며 알려주더군요. 그런데 왜 그랬는지는 아직도 모르겠어요.

상담자: 어떤 면에서 라이벌이었나요?

초록: 1학기 때 반장 선거에서 제가 뽑혔고, 그 친구가 떨어졌어요. 2학기 때는 그 친구가 반장이 됐죠. 저희 집은 가난했고 부모님이 학교에 오신 적도 거의 없었는데, 그 친구 엄마가 학부모회장인가 그랬을 거예요. 그때 성격이 소극적으로 변하고 그 이후로는 계속 위축되어서 지냈던 것 같아요. 나는 혼자라는 느낌을 지울 수 없었죠.

상담자: 중·고등학교 시절은 어땠나요?

초록: 그냥 있는 듯 없는 듯 존재감이 없는 아이로 지냈던 것 같아요.

상담자: 다가오는 친구는 없었나요?

초록: 가끔 있기는 했지만 제가 너무 집착하니까 나중엔 결국 질려서 떠났던 것 같아요. 막상 누가 다가와도 겁이 나요.

상담자: 무엇이 겁날까요?

초록: 아직 내 정체를 몰라서 그렇지 알게 되면 나를 싫어할 거라는 느낌이 있죠. 그래서 다가가지도 못하고 다가오는 사람을 경계하면서 피하게 되곤 해요.

상담자: 정말로 원하는 것은 어떤 관계이지요?

초록: 남들처럼 스스럼없이 친하게 지내고 싶어요. 그렇지만 저는 늘 혼자라는 느낌으로 어색하기 때문에 그렇게 되지 않지요. 외롭지만 그렇다고 사람들한테 다가설 용기도 나지 않아요.

상담자: 내 정체를 알면 나를 싫어할 거라 하셨죠? 그런 판단에 근거는 있을까요?

초록: 누군가 저한테 호의를 보이면 저는 그 사람한테 올인(All-in)하거든요. 그러면 나를 부담스러워하면서 결국은 떠나고 말아요. 만약 제게 진짜로 호감이 있다면 그러지 않을 거예요.

상담자: 지금 그 생각이 이상한 것 알아요?

초록: 예? 어떤 게 이상하다는 말씀이죠?

상담자: 내가 준 마음보다 상대가 주는 마음이 훨씬 크면 자언스럽게 부담을 느끼거든요. 그렇게 상대한테 부담을 주어 멀어지게 하고 나서는 '내 정체를 알고 나니까 내가 싫어지는 거야. 결국 떠나잖아.' 하는 식으로 생각하는 게 이상하지 않아요?

초록: 제가 싫어서 떠나는 거잖아요.

상담자: 그렇게 행동했으니까 그런 것이지, 정체를 알고 모르고 하는 차원은 아니죠.

초록: 잠깐만요. 선생님 말씀은 제가 싫어서 떠난 것이 아니란 건가요?

상담자: 아니요. 부담스러운 행동은 싫지요. 그렇지만 초록이라는 인간 자체가 싫어서 그런다고는 볼 수 없다는 말이에요. 이해가 되세요?

초록: 알 것 같아요. 제가 생각을 잘못하고 있었던 것 같네요.

상담자: 이해해서 다행입니다. 그렇다면 초록님은 왜 자기가 싫어요?

초록: 잘 모르겠어요. 제가 저를 어떻게 생각하는지 생각해 본 적이 없어요.

상담자: 지금 잘 생각해 보세요. '남들이 나의 정체를 알면 분명히 싫어할 거야.' 하고 생각한다는 것은 초록님이 자신을 싫어하고 있다는 말이 되지 않을까요?

초록: 전 여태까지 사람들이 날 싫어할 거라고만 생각했어요. 그런데 선생님과 이야기를 하다 보니 제가 저를 싫어하고 있었네요.

상담자: 왜 싫어할까요?

초록: 좋아할 만한 구석이 없잖아요. 공부를 썩 잘하는 것도 아니고, 성격이 좋은 것도 아니고, 뭘 보고 저를 좋아하겠어요?

상담자: 사람들이 공부를 잘해야 좋아하고 성격이 활달해야 좋아할까요?

초록: 그렇지 않나요?

상담자: 그렇지 않아요. 그건 초록님 생각일 뿐이죠. 초록님이 현실적으로 검증해 보지도 않고 멋대로 그려놓은 가짜 그림인 거예요. 그 그림과

현실의 자신을 견주어 보면 좋아할 만한 점이 하나도 없는 거죠. 객관적으로 비호감이 아니라 스스로 만든 기준으로 자신을 싫어하는 거란 말이에요.

초록: 저 같은 사람도 다른 사람들이 호감을 가질까요?

상담자: 지금 모습이라면 어림도 없겠죠. 스스로 자신을 싫어하는 사람한테 누가 관심을 가지고 호감을 가지겠어요? 자기가 자기를 보고 있는 것을 자기상(self-image)이라 하는데, 초록님은 아주 왜곡된 자기상을 가지고 있는 거예요.

초록: 그럼 진짜 저는 어떤 사람일까요?

상담자: 이제부터 관심을 가져야죠. 자기상에 갇히면 자의식이라는 것을 갖게 되는데, 자의식이라는 것은 눈에 보이지 않는 감옥 같은 거예요. 스스로 만든 이상적인 기준을 가지고 현실의 자기를 구박하고 못마땅해하지요. 지금 초록님처럼 말이에요. 그러니까 지금부터라도 자의식이라는 그 굴레를 벗어던져야 합니다.

초록: 어떻게 하면 자의식에서 벗어나 바로 볼 수 있을까요?

상담자: 우선 객관적인 사실과 주관적인 관념을 구분하는 것부터 시작해 보세요. '나는 이런 사람이다.' 하는 생각은 객관적인 사실이 아니라 주관적으로 평가하고 있는 관념일 뿐이지요. 자신에게 주홍글씨를 새겨 놓고 그것 때문에 괴로워하는 것은 참 어리석잖아요. 먼저 관념을 깨고 사실을 사실대로 보는 훈련부터 하는 것이 좋겠어요.

Tip

    이 내담자는 어릴 때 위축되었던 마음을 그대로 가지고 성장해서 그만 자의식의 포로가 되어 버렸다. 그래서 자기가 자기를 어떻게 보는지 알지 못한 채 다른 사람들의 눈길을 의식하면서 불편해하고 있다. 자의식이라는 것은 자기도 모르게 생겨서 자기를 지배하곤 한다. 이때 잠재의식적인 욕구와 현실 사이에 커다란 틈이 생긴다.

    자의식에 갇혀 버리면 끝 모를 불안감과 두려움 속에서 괴로워진다. 실제 현실과 동떨어진 가짜 생각에 사로잡혀 있는 것이기에 현실적인 노력을 하려 해도 막막하고 불안하기만 할 뿐이다. 나름대로 애쓴다고 애를 써 보아도 잘못 보고 시작하는 것이기 때문에 엉뚱한 힘을 쏟으며 결국 좌절하기 쉽다. 마치 악몽에 시달리는 것처럼 있지도 않은 가상의 시선과 평가기준을 두려워하면서 정작 자신에게 필요한 것들을 찾아내지 못한다.

    상담자는 내담자의 왜곡되고 모순된 사고방식에 초점을 맞추어 직면해 가면서 자의식의 굴레를 벗기고자 노력한다. 이러한 상담자의 노력에 드디어 내담자도 자신의 모순을 알아차리게 되었다. 그러고는 어떻게 자의식에서 벗어날 수 있는지 방법을 찾는다. 이 지점이 이 상담에서 중요한 분기점이다.

    내담자가 습관적으로 가지고 있던 자동화된 사고방식의 모순을 잡아내어 밝힘으로써 비로소 내담자는 자기가 어떤 자의식 속에 갇혀 있었는지 새삼 알게 된다. 이렇게 내담자가 자신을 객관적으로 보기 시작하면 모든 것이 바뀐다. 소극성이나 부정적인 생각, 위축된 행동에도 변화가 생긴다. 내담자 자신이 알고 있던 것과 아주 다른 자신의 모습, 삶의 방식이 펼쳐지는 것이다. 이를 '통 밖으로 나와서 통을 굴린다.'고 한다.

2. 그 문제가 지속되는 이유는

　문제의 발생 원인을 안다고 해서 분석 작업이 다 된 것은 아니다. 그 문제가 여러 가지 괴로움을 동반하는데도 없어지지 않고 지속되는 이유를 알아야 한다. 예를 들어서 부모님의 불화 때문에 사람을 신뢰하지 못하고 심하게 의심하는 증세를 가지게 되었다고 하자. 친밀한 관계를 맺는 법을 알지 못하고 불안했기 때문에 이런 증세를 보이게 되었다고 생각하기는 어렵지 않다. 그런데 왜 이런 증세가 계속 유지되는 것일까?

　사람을 의심하고 경계를 하는 태도가 일상생활을 하는 데 많은 불편을 일으키는 경험을 하면서도 그 태도를 바꾸어 볼 생각을 좀처럼 하지 못하는 이유가 무엇일까? 담배를 끊으려 하면서도 끊지 못한다거나, 거절을 당당하게 하려고 하는데도 막상 입이 떨어지지 않는다거나, 생각을 줄이고 단순하게 살려고 하는데도 생각이 끊이지 않는다거나 하는 식으로 일상의 불편함과 괴로움을 일으키는 태도나 행동들이 왜 없어지지 않을까?

　사람마다 나타나는 증상은 다 다르지만, 불편함을 일으키는 태도와 행동이 없어지지 않고 유지되는 데에는 공통점이 있다. '습관화'되었다는 공통점이다. 어떤 상황에 놓이면 생각하고 선택하고 결정하기 이전에 자동으로 습관화된 태도와 행동이 나와 버리는 것이다. 의지를 가지고 바꾸려고 해도 습관의 힘을 이기지 못한다.

습관이 자동으로 작동되는 과정을 내담자 자신이 알아차릴 수 있도록 세밀하게 쪼개서 낱낱이 살펴보는 것이 분석 작업이다. 중요한 분기점이 되는 핵심 포인트를 잡아서 화면을 정지시켜 놓고 세밀하게 살피듯 주시한다. 이 과정은 마치 외과 수술을 하는 것처럼 고도의 집중과 주의가 필요하다. 자칫 실수해서 엉뚱한 부분에 칼을 대기라도 하면 대형 사고가 나는 것처럼, 분석을 부주의하게 하거나 대충 덮어 버리고 '좋은 게 좋은 것이다.' 하는 식으로 뭉치고 지나가면 큰 탈이 난다.

문제가 생긴 원인 못지않게 문제가 유지되는 이유도 중요하다. 문제가 유지되는 이유를 찾아가는 과정에서 '그 문제 행동으로 인해 내담자가 얻는 이득은 없는가?' 하는 의문을 품어 보는 것이 도움이 되는 경우가 많다. 예를 들어서 자기주장을 잘 못 하는 경우에 주장을 하지 않음으로써 상대와 충돌을 피할 수 있다는 점이 작용할 수도 있다. 무능함을 보임으로써 동정심을 유발한다거나, 실수를 함으로써 책임질 일을 피할 수 있다거나, 문제를 일으켜서 진짜 마주하기 겁나는 일을 회피하는 것처럼, 문제가 유지됨으로 해서 내담자가 얻는 이득을 파악할 필요가 있다.

물론 문제가 유지됨으로 해서 겪는 불편과 이득을 견주어 보면 합리적으로는 불편이 훨씬 크기 마련이다. 그러나 내담자의 문제가 유지되는 데에는 내담자 자신도 모르는 사이에 불편보다 이득을 더 크게 보면서 안주하는 경향이 한몫을 한다. 결혼생활이 만족스럽지 않지만 이혼을 했을 때 부딪힐 부담이 두려워 참고 사는 것처럼, 현재 자신이 가지고 있는 문제를 해결하고 싶지만 변화가 생겼을 때 감당하게 될지도 모르는 일들에 부담을 느껴서 현상 유지를 하곤 한다.

물론 이 과정은 내담자가 스스로 자각하지 못하는 사이에 에고가 작동하는 것이다. 그래서 분석을 통해 이 과정을 밝혀내면 진정으로 변하고자 하는 의지를 가지고 에고의 장난질을 거부할 용기를 낼 수도 있다. 진정으로 문제를 해결하고 성장을 도모하려면 이렇게 직면하고 용기를 내어 변화를 선택하는 결단이 필요하다.

사례:

나에겐 아무도 없어요 (외로움)

50대 중반 여성. 공무원 퇴직 후 상담대학원 재학 중.
허무감과 외로움 호소.
별칭: 아침

아침: 열심히 살았다고 자부하는데, 그 누구보다 열심히 살았는데 지금 제게 남은 것은 아무것도 없어요. 결혼도 안 하고 공무원으로서 꽤 높은 직급까지 올랐고 능력을 인정받기도 했어요. 그런데 어느 날 '내가 무엇을 하고 있는가?' 하는 회의가 밀려오는 거예요. 마음 한구석이 텅 빈 것 같은 느낌이고 하고 있던 일이 무의미하게 느껴졌어요. 그래서 퇴직을 하고 대학원 진학을 했어요.

상담자: 그러면 지금 누구랑 살고 계신가요?

아침: 엄마와 둘이 살아요. 엄마하고 관계는 아무 문제가 없죠. 워낙 조용하신 분이라 잔소리 같은 것도 안 하시고 하루하루 평온하게 보내고 계세요.

상담자: 학창 시절은 어떻게 보내셨나요?

아침: 어릴 때 저희 집이 너무 가난해서 제가 비인가 중학교에 진학했어요. 중학교 때 항상 1, 2등을 다투었는데, 그때 저와 라이벌 관계였던 한 친구가 신경이 많이 쓰였어요. 지능검사를 했는데 제 결과를 그 친구가 보고는 저한테 '너 아이큐가 두 자리더라.' 하고 웃었어요. 그게 너

무 창피했지요. 그 후로 늘 열등감에 시달렸던 것 같아요.

상담자: 단체로 하는 지필 지능검사는 정확도가 많이 떨어져요. 정확한 지능지수라 보기 어렵거든요.

아침: 아무튼 저는 제 지능이 두 자릿수라는 것이 너무 창피했어요. 그래서 더 노력을 했고, 좋은 성취를 보이고는 했어요. 그런데 그렇게 해도 자랑스러운 마음보다는 '그래도 나는 머리가 나빠.' 하는 생각을 늘 했어요. 평생을 따라다닌 주홍 글씨 같은 것이었어요.

상담자: 이후에 지능검사를 다시 해 보시지는 않았나요?

아침: 참 기가 막힌 것이, 대학원에 진학해서 프로젝트를 할 일이 있었고, 그 프로젝트가 집단 프로그램을 개발하는 것이었거든요. 과정상 지능 검사를 받아 볼 필요가 있어서 해 보았는데 글쎄 제 아이큐가 130이 넘게 나오는 거예요. 그래서 제가 이거 뭔가 잘못된 것 아니냐고 이렇게 높게 나올 리가 없다고 검사한 사람한테 따졌어요.

상담자: 오랫동안 스스로 머리가 나쁘다고 믿어 왔는데, 검사 결과가 생각하고 다르니까 믿기지 않았나 보네요. 그래도 그 검사가 제대로 된 검사입니다. 옛날에 한 게 엉터리였던 거예요.

아침: 너무 허무했어요. 내 머리가 나쁘다고 스스로 위축되어 몇십 년을 살았는데, 기가 막히고 억울한 거예요. 그 프로젝트도 발표했을 때 기립 박수를 받을 만큼 성공적으로 잘했어요. 그런데 하나도 기쁘지 않았어요. 잘못 알고 살아왔던 시간들이 너무 허망해서 기쁨도 느껴지지 않았나 봐요.

상담자: 그렇겠네요. 대학원 생활은 어떻게 하고 계시나요?

아침: 늦은 나이에 공부를 하려니 어려움이 많아요. 나이 차이가 30년이나 나는 아이들과 같이 공부하는 게 괜히 민폐인 것 같고, 또 저보다 나이 어린 교수님들한테 배우려니 교수님들도 어려워하는 것 같고, 제가 너무 설치지 않나 하고 자꾸 눈치를 보게 되어요.

상담자: 설친다는 게 무슨 말씀이죠?

아침: 제가 질문을 너무 많이 하는 것 같아요. 궁금한 것이 있으면 이해해야 직성이 풀리는 성격 때문에 자꾸 질문을 하다 보니까 수업 진행에 방해를 주는 것 같기도 하고, 남들은 가만히 있는 데 문제가 있으면 비로 나서서 해결하려고 하니까 주위 사람들과 부딪히는 일들이 종종 있어요. 공무원으로 일하면서 업무 처리를 깐깐하게 했던 습관이 나오는 것 같아요. 자제하려고 해도 잘 안 돼요.

상담자: 공부를 할 때 끝까지 철저하게 의문을 풀려고 하는 것은 바람직한 태도이고, 문제가 있을 때 피하지 않고 맞서서 해결하려고 하는 것 또한 당연한 것 아닐까요?

아침: 저도 그렇게 생각하지만 혹시 제가 아직 모르는 저 자신의 어떤 해결하지 못한 개인적인 문제 때문에 과잉반응을 하는 것은 아닐까 하는 의구심도 있어요.

상담자: 예를 들어 보실 수 있을까요?

아침: 전공 교수님이 진행하는 프로그램이 있었는데, 학사 과정에 포함되어 있는 시간인데도 따로 프로그램 수강료를 내어야 한다고 해서 제가 부당하다고 항의를 했어요. 그래서 원하는 사람만 돈을 내고 프로그램에 참여하게 된 적이 있었죠. 제 생각에는 우리가 낸 등록금에는 그 프로그램에 참여할 권리가 포함되어 있는 것인데 돈을 더 내고 해야 한다는 게 이해되지 않았어요.

상담자: 그 과정 어디에 아침님의 문제가 있을까요?

아침: 어릴 때 가난해서 비인가 학교에 다녀야 했고, 그것이 창피해서 남한테 허점을 보이지 않으려고 지나치게 긴장하고 경계하는 나머지 피해를 입을지 모른다는 피해 의식이 있어서 자꾸 과잉 대응을 하는 게 아닌가 싶어요.

상담자: 무엇이 과잉 대응이라는 거죠?

아침: 남들은 가만히 있는데 저 혼자 설치잖아요.

상담자: 잘못된 것에 맞서서 바로잡으면 그 혜택은 누구한테 돌아가나요?

아침: 관련된 모든 사람이 다 혜택을 입죠.

상담자: 그렇다면 그것은 개인적인 문제가 아니라 전체의 일 아닐까요?

아침: 그렇죠. 모두가 관련된 모두의 일이죠.

상담자: 그런데 왜 아침님은 자신의 행위를 개인적인 일로 몰아가는 걸까요? 전체를 위해서 바로잡으려 애쓰는 것인데 말이죠.

아침: 말이 그렇게 되나요? 또 제가 알아서 깨갱거린 것이 되나요?

상담자: 그래요. 제가 보기엔 아침님의 생각, 판단, 행동에는 아무 문제가 없어요. 오히려 참 훌륭하고 바람직하지요. 그런데 문제는 자신의 행동을 평가하는 기준이 너무 엉터리예요. 어이가 없을 만큼 자신한테 가혹하지요. 우수한 지능을 가졌는데 모자란 지능을 가졌다고 믿어 왔던 것처럼, 잘못된 정보를 가지고 판단하니까 자신이 해 놓고 나서도 보람도 못 느끼고 오히려 위축되고 허무해지고 하는 거죠.

아침: 그렇군요. 또 제가 저를 쥐어박고 있었네요. (웃음) 어이가 없네요. 그런데 왜 이렇게 시원하죠?

　이 내담자는 야무지면서도 전혀 전투적인 느낌이 들지 않는 깔끔한 인상이었다. 대화를 할 때 상대의 이야기를 잘 듣고 빨리 이해하고 아주 적절하게 반응을 하는 민감성도 갖추고 있다. 특히 정의감이 강해서 잘못된 일을 지적하고 바로잡는 데 망설임이 없다. 이러한 점들이 공무원으로서 직무를 수행하는 데 뛰어난 능력을 보인 배경이었을 것이다.

　이렇게 뛰어난 자질을 가지고 있고, 도덕적으로도 사회적으로도 흠잡을 데 없는 삶을 살고 있으면서도 자기가 자기를 낮게 평가했기에 보람과 자부심을 느낄 만한 상황에서도 도리어 허무하고 외로웠다. 자아도취도 문제가 있지만 낮은 자존감으로 자신을 구박하고 비난하는 것은 더 큰 문제가 있다. 주위에서 능력을 인정하고 호감을 표현하고 손을 내밀어도 스스로를 비난하고 있으면 조금도 받아들이지 못한다. 그래서 혼자 있는 것 같은 외로움을 느끼고 성취감을 갖지 못하게 되는 것이다.

　이 상담에서 상담자는 내담자의 자기 평가에 문제가 있음을 파악하고 내담자를 직면해 간다. 내담자는 상담자와 이야기를 나누면서 자신의 모순을 깨닫고는 마음이 가벼워진다. 허무감이나 외로움이 무엇 때문에 느껴졌는지 이해한 것이다. 스스로 자신을 인정하고 받아들이지 못해서 함께하고 있는 주변 사람들의 호감과 인정을 느낄 여유가 없었음을 자각하면서 허무감과 외로움이 자기가 만들어낸 허상이었음을 분명하게 알았다.

　외로움은 실제로 자기 혼자이기 때문에 느끼는 감정이 아니다. 오히려 자기가 마음을 스스로 닫아걸 때 느껴지는 것이다. 눈을 뜨면 사물이 보이지만 눈을 감으면 깜깜한 것처럼, 마음을 열면 관심과 사랑이 느껴지지만 마음을 닫으면 느껴지지 않는다.

3. 내담자는 어디까지 알고 있는가

　자신의 문제가 왜 지속되고 있으며, 문제 행동의 득과 실은 무엇인지 내담자가 얼마나 알고 있느냐에 따라 상담 목표를 달성할 확률이 달라진다. 상담자는 내담자의 자각 정도가 얼마나 되는지 주의 깊게 살필 줄 알아야 한다. 문제를 호소하고 이야기를 꺼내는 것은 내담자의 일이지만, 내담자의 이야기 속에서 내담자의 자각 정도를 파악해서 적절히 조치하는 것은 상담자의 일이다.

　분석 작업을 하면서 상담자는 지금 이야기하고 있는 내용을 내담자가 어떻게 인식하고 있는지 수시로 점검한다. 만약 내담자가 자기 행동의 의미와 내면의 동기를 거의 자각하지 못하고 있다면 상담자는 반영, 명료화, 나아가서 직면이라는 기법을 동원해 이를 알려 주어야 한다. 내담자의 이해력이 떨어져서 모르는 것이라면 더 쉽고 자세하게 설명해 주어서 차근차근 알아 가도록 이끌어 준다.

　내담자의 자각을 깊이 이끄는 과정에서 흔히 저항이 나타나기 쉽다. 저항이 나타나면 먼저 저항을 다루고 나서 분석 작업을 이어가야 한다. 저항을 알아차리지 못하거나 제대로 다루지 않은 상태에서 분석 작업을 지속하는 것은 마취가 깬 상태에서 수술을 강행하는 것과 같다. 상담자와 내담자가 보조를 맞추어 가면서 분석 작업을 해야 하기 때문에 협력에 걸림돌이 되는 저항은 바로바로 처리하여야 한다.

내담자가 자기 성찰을 잘하고 행동의 의미와 내면 동기를 정확하게 지각하고 있다면 상담자는 바로 직면과 해석을 통해서 심층 분석 작업에 들어간다. 내담자가 관점이 전환되고 진정한 변화 의지를 갖게 되면 상담 목표를 달성하기 수월해진다. 이런 경우에 상담자의 직면이나 해석을 내담자는 기꺼이 반기고 바로 수용하곤 한다.

분석 작업의 성패는 내담자의 자각 정도에 달려 있다고 해도 좋다. 상담자는 내담자와 보조를 맞추거나 반 발짝 정도 앞서서 이끄는 것이 좋은 요령이다. 너무 앞서면 내담자는 쫓아오기 버거워하다가 좌절하며 포기할 위험이 있다. 반대로 상담자가 뒤처져서 '뒷북을 치는' 식으로 진행되면 내담자는 답답해하면서 상담자와 상담에 대한 신뢰를 잃어버릴 것이다.

상담자가 진심으로 내담자의 마음에 관심을 기울이고 경청하는 자세를 가지면 내담자가 얼마나 자각하고 있는지 파악하기 어렵지 않다. 그리고 상담자는 자신이 파악한 것을 내담자한테 수시로 확인해 가면서 과정을 진행해 간다. 이러한 상담자의 태도에서 내담자는 모방학습을 할 수 있다. 이렇게 진지하고 배려 깊은 노력을 통해서 내담자는 비로소 자기 관념 속에서 밖으로 나와 객관적이고 성숙한 관점에서 문제를 다시 보게 된다.

사례:

미로를 헤매는 마음 (불안과 혼란)

30대 후반 여성. 임시직.

가족과 충돌하고 가출해서 불안 호소.

별칭: 카오스

카오스: 엄마와 도저히 같이 살 수 없어서 집을 나온 지 6개월이 되어 가네요. 어저께 엄마한테서 전화가 왔는데 울고불고 쇼를 하는 거예요. 이젠 독립해서 제 삶을 살고 싶어요. 집에는 안 들어갈 생각입니다.

상담자: 무슨 일로 나오게 되셨나요?

카오스: 제가 나이는 40이 다 되었는데 뚜렷한 직장도 없고 애인도 없고 제 구실을 못 하니까 엄마가 늘 닦달하시는 거예요. 이것저것 알바하면서 모아둔 돈을 투자해서 학원에 다녔는데 생각보다 돈이 많이 들고 기간도 오래 걸려서 그만두게 되었어요. 나도 속상한데 엄마가 또 닦달을 하니까 그냥 집을 나와 버렸죠.

상담자: 학원을 다니셨다고요? 취업을 위한 것 같은데 기간이 오래 걸린다는 것은 무슨 이야기인가요?

카오스: 그 계통에서는 그분한테 배워야 일을 할 수 있어요. 처음엔 3개월 과정이라 했는데 3개월에 과정을 마치기가 현실적으로 어려워요. 1년 넘게 다니는 사람도 있고, 또 과정을 마친다 하더라도 취업이 된다는 보장도 확실치 않아요. 제가 나이가 많은데 이제 갓 올라온 젊

은 아이들과 경쟁하기도 어려웠어요. 나를 이상하게 바라보는 것 같
은 시선도 신경 쓰이고 그래서 그만두었지요.

상담자: 얼마 동안 다니신 셈이죠?

카오스: 2개월 남짓 다녔어요. 확실한 비전도 보이지 않고 돈이 생각보다
많이 들어서 더 버틸 수가 없었죠.

상담자: 그러면 앞으로 어떻게 하실 생각이세요?

카오스: 저도 참 막막해요. 이 나이 먹도록 이루어 놓은 게 하나도 없어요.
조카들한테도 무시당하고 가족 중에 내 편은 하나도 없어요.

상담자: 가족 관계는 어떻게 되세요?

카오스: 언니가 둘 있어요. 한 살 많은 언니하고 나랑 쌍둥이 언니. 언니 아
이들이 지금 초등학생인데 어릴 때 제가 많이 돌봐 주었거든요. 둘째
언니는 회사 다니느라 바쁘다고 해서 주로 제가 아이들하고 시간을
많이 보냈어요. 그런데 얘들이 저를 만만하게 보는지 내 물건을 함부
로 건드리고 제가 싫어하는 짓을 골라서 해요. 언니한테 이야기하면
'설마 아이들이 그랬겠니?' 하고 제 말을 의심하지요.

상담자: 아이들한테는 막내 이모가 제일 익숙하고 편하지 않을까요?

카오스: 애들이 언니 대하는 것 하고 저를 대하는 게 완전히 달라요. 언니한
테는 예의 바르게 하는데 저한테는 함부로 하지요. 집안에서 누구도
저를 존중해 주지 않아요. 제일 만만한 사람이죠. 하기는 제가 봐도
제가 한심해요. 뭐 하나 제대로 하는 게 없잖아요. 어린아이들과 싸우
기나 하고 마음 나이는 자라지 못했나 봐요.

상담자: 그렇게 보이네요. 아이들과 같은 수준으로 행동하는 것 같아요. 아
이들과 싸우고 언니한테 고자질하고 말이죠. 언니가 보기에는 동생
이 아니라 골치 아픈 말썽꾸러기 아이일지도 모르겠어요.

카오스: 정말 그렇게 보는 것 같아요. 이렇게 살다가는 어른이 되지 못할 것
같아 걱정이에요. 그런데 어떻게 해야 어른스러운 건지도 사실 잘 몰
라요.

상담자: 카오스님이 원하는 것은 어떤 삶인가요?

카오스: 딱히 어떻게 살고 싶다거나 무엇을 하고 싶다거나 한 것은 없어요. 무엇이든 하다가 그만두는 경우가 많고 변덕도 심하죠. 저도 제가 뭘 하고 싶은지 헷갈려요. 다 하고 싶은 것 같기도 하고 다 하기 싫은 것 같기도 하고, 시시때때로 마음이 변덕을 부려요.

상담자: 견딜 수 없이 흥분이 되는 경우는 없나요?

카오스: 엄마가 '진지하게 이야기 좀 해 보자.' 하면 겁도 나고 화도 나요. 엄마는 내가 잘못한 것들을 일일이 들먹이면서 닦달을 하시거든요. 오죽하면 제가 아무런 준비도 없이 집을 뛰쳐나왔겠어요. 제가 제일 못 견디는 것은 엄마인 것 같아요.

상담자: 엄마는 어떻게 사셨죠? 한 인간으로서 말이에요.

카오스: 아빠가 현실감이 없으세요. 저희들이 어릴 때 그냥 집을 나가 버렸어요. 그래서 엄마가 저희 세 자매를 혼자 키우셔야 했지요. 10년쯤 지나서 아빠가 돌아오셨는데, 지금 가게를 같이 하세요. 집하고 가게가 먼데, 엄마는 일 마치고 집으로 오시고 아빠는 그냥 가게에서 주무시죠. 엄마도 아빠를 그리 반기는 것 같지는 않아요. 같이 있는 것을 달가워하지도 않고 될 수 있으면 피하는 눈치에요.

상담자: 엄마가 고생이 많았겠어요. 그렇게 고생해서 아이들을 길렀는데, 막내가 결혼도 안 하고 변변한 직업도 갖지 못하고 있으니 걱정도 되겠죠.

카오스: 저도 알아요. 그런데 안 되는 걸 어떻게 해요? 저라고 결혼을 왜 안 하고 싶겠어요. 번듯한 직장도 갖고 싶고 엄마가 저 때문에 걱정하시는 일이 없도록 하고 싶어요. 그런데 엄마가 걱정해서 하는 말들이 저한테 상처가 되거든요. 엄마를 이해하고 엄마가 하시는 이야기도 이해가 되는데 나한테 이래라저래라 하는 것은 듣기 싫어요.

상담자: 나도 엄마를 걱정시키지 않고 싶지만 마음대로 되지 않아 속상한데 엄마가 뭐라 하니까 속이 더 상한다는 말씀이시죠? 그렇다면 카

오스님이 엄마한테 바라는 것은 무엇일까요?

카오스: 그냥 지켜보고 기다려 주셨으면 좋겠어요. 가장 속상한 것은 당사자인 저잖아요. 그런데 언니들도 그렇고 엄마도 그렇고 제가 아무런 생각이나 계획도 없이 게으르게 산다고 생각하나 봐요. 저도 고민을 하는데 자꾸 다그치니까 화가 나지요.

상담자: 카오스님 자신이 아직 어린아이라고 말씀하시는데, 엄마나 언니도 그렇게 보는 것 같군요. 그도 그럴 것이 자신이 원하는 것이나 계획하는 것, 속마음을 어른답게 표현하지 않으니 계속 돌봐 주어야 하는 철없는 아이로 보이겠어요. 의논을 하려고 해도 흥분하고 화내고 하니까 갈수록 걱정은 더 되고, 그래서 조바심이 나니까 자꾸 채근하게 되지 않겠어요?

카오스: 저도 집 안에 있으면 그냥 어린양을 하게 되고 막내 짓을 습관적으로 하니까 안 되겠다 싶어서 집을 나온 거예요. 계획대로 되지는 않았지만.

상담자: 어떤 계획이 있었죠?

카오스: 번듯한 직장도 갖고 돈도 갖추고 당당하게 독립하고 싶었죠. 그런데 반항하듯 나와 버려서 마음에 걸려요. 그래도 집에는 안 들어갈 거예요. 어렵더라도 홀로서기를 해 볼 겁니다.

상담자: 집을 나온 것은 기정사실이잖아요. 계획을 세워서 청사진대로 나온 것이든 화가 나서 나온 것이든 일단 나온 것은 기정사실이니까 기왕 나온 김에 집에서 못 했던 것들에 집중해 보면 좋을 것 같네요. 성숙하기라는 과제와 씨름하는 거죠.

카오스: 예. 그렇게 해야죠. 상담하러 오기 전에는 막연하고 불안하기만 했는데, 이렇게 말씀을 나누다 보니까 무엇을 어떻게 할지 감이 조금 잡히는 것 같아요.

Tip

불안감에 휩싸여 혼란스러워하는 내담자를 만날 때에는 자칫 상담자까지 혼란의 소용돌이에 휘말릴 위험이 있다. 상담자가 중심을 잡고 내담자의 말을 경청하면서 반영과 명료화를 통해 가지치기를 해 줄 수 있어야 한다. 그냥 내담자가 마음대로 표현하도록 두면서 듣다 보면 어느새 이야기는 미궁에 빠지고 무엇을 하고 있는지 애매하게 되기 십상이다. 이때 상담 기법이 아주 쓸모가 많다.

이 상담에서 내담자는 아직 자라지 못한 내면의 아이를 느끼고 있고, 동시에 독립하고 성장하려는 의지를 보이고 있다. 이 두 가지 서로 다른 흐름이 뒤섞여서 혼란스러운 모습으로 나타나는데, 상담자가 질문을 통해서 내담자가 자신의 생각을 정리할 수 있게끔 이끌어 간다. 서로 다른 두 가지 마음이 동시에 일어나서 혼란스러울 때 하나씩 따로따로 다루어보는 것이 좋은 요령이다.

이 상담에서는 먼저 내담자의 성숙하지 못한 내면 아이를 표현하게 하고 이를 다른 사람의 관점에서 언급하면서 내담자가 객관적으로 볼 수 있도록 안내한 다음에 내담자의 현실적인 의지에 초점을 맞추기 시작했다. 그래서 내담자는 두 가지가 섞여서 혼란스러웠던 상태에서 두 가지를 분리하게 되면서 자신이 원하는 대로 행동하려는 의지를 직면하게 되었다.

06 대안: 최선의 길을 찾는다

　　문제의 원인과 조건이 밝혀지고 나면 이어서 문제를 해결할 수 있는 최선의 대안을 찾는다. '문제와 그 원인을 제대로 이해했는지' '문제를 해결하고자 하는 내담자의 의지가 어느 정도인지' 또한 '내담자가 가지고 있는 자원은 무엇인지'와 아울러 '구체적으로 무엇을 어떻게 실천할 수 있는지'를 세심하게 고려한다. 이 과정 또한 상담자와 내담자의 협동 작업으로 시행되는데, 내담자 스스로 발견할 수 있게끔 상담자는 멍석을 까는 역할만 하는 것이 좋다. 내담자가 주도해서 찾은 대안일수록 실제에 적용되기 쉽다. 또한 그 결과에 내담자가 책임을 질 수 있어서 그만큼 내담자의 적극적이고 능동적인 실천을 보장할 수 있다.

사례:

허상을 바로 보다 (이상적 자기)

30대 중반 여성. 회사원.

만성적인 무기력 호소.

별칭: 비망

비망: 제가 계속 이런 식으로 살아야 할까요?

상담자: 어떻게 살고 계신데요?

비망: 매사에 의욕이 없어요. 그냥 다람쥐 쳇바퀴 돌 듯 집과 회사만 오가고
　　　있고, 쉬는 날에는 그냥 텔레비전만 켜놓고 있지요. 삶에 아무런 흥미
　　　도 의미도 없어요. 왜 사는가 싶은데 내 삶을 생각하면 그냥 한숨만
　　　나와요.

상담자: 특히 불만스러운 점이 있을까요?

비망: 아주 특별하게 뭔가 잘못되거나 문제가 있지는 않아요. 친구들하고
　　　이야기를 해 보면 오히려 저보고 배부른 투정 한다고 해요. 아무도
　　　내 심정을 모르죠. 그래서 이젠 이야기도 안 하고, 만나면 그냥 아무
　　　의미 없는 수다나 떨다가 오곤 해요. 재미도 없는데 일어서지도 못하
　　　고 그냥 같이 있다가 오는 거예요.

상담자: 하고 싶거나 바라는 것은 없을까요?

비망: 어릴 때부터 하고 싶은 것이 참 많았어요. 시샘이 많다는 소리도 많이
　　　들었고 악착같이 열심히 하기도 했었지요. 그런데 사춘기가 지나면

175

서 성격이 백팔십도 확 달라졌어요. 별 흥미가 없어지고 그냥 그런가 보다 하면서 시큰둥하니 살고 있어요. 지금도 딱히 하고 싶거나 바라는 것이 없어요. 하루하루 사는 게 아니라 살아지는 것 같아요.

상담자: 어떻게 살면 살맛이 날까요? 그냥 상상만이라도 해 본다면?

비망: 글쎄요, 지금 내 모습으로는 상상조차 하기 어려워요. 특별한 재주도 없고 예쁘지도 않고 어떤 매력이 있는 것도 아니고 너무 평범하죠.

상담자: 비망님은 자기 자신이 마음에 들지 않으신가 보네요.

비망: (웃음) 다 그렇지 않나요? 누구나 다 마음에 안 드는 부분이 있고 불만을 가지고 사는 것 아닌가요? 다만 저는 그게 남들보다 더 많은 것뿐이지.

상담자: 스스로 만족하면서 사는 사람 못 보셨어요?

비망: 제 주변을 봐도 그런 사람은 없어요. 혹 그런 사람이 있다 하더라도 좀 모자란 사람 아닐까요? 아니면 불만이 있지만 모르거나 외면하고 사는 것이겠죠.

상담자: 자, 그럼 구체적으로 살펴봅시다. 비망님 자신의 어떤 부분이 마음에 들지 않나요?

비망: 외모도 그렇고, 성격도 그렇고, 능력도 그렇고, 크게 빠지지는 않지만 특출하지도 못하지요. (한숨) 그냥 이렇게 평범한 내가 싫어요.

상담자: 외모는 어디가 마음에 안 들어요?

비망: 요즘 키 크고 날씬하고 예쁜 애들이 많잖아요. 전 키도 작고 몸매도 볼품없고 얼굴도 크고 사람들의 시선을 확 잡아 끌 만한 점이 하나도 없잖아요.

상담자: 성격은 어떤데요?

비망: 시샘 많고 화가 나면 잘 풀어지지도 않고 대범하지도 못하고 그렇다고 정말 뭔가 죽어라고 열심히 하는 열정도 없어요. 유머 감각이 좋은 것도 아니고 속 이야기를 시원시원하게 하는 것도 아니고 별 특징이 없잖아요. 그저 그런 사람. 아무 데서나 흔히 볼 수 있는 유형이죠.

(한숨)

상담자: 능력은요?

비망: 뭘 하든 중간 정도는 해요. 특출하게 잘 하는 게 없죠. 뭐 애초부터 잘 하려고 노력도 안 했으니 당연한 것이겠지만 말이에요.

상담자: 지금 말씀하시면서 자꾸 한숨을 쉬시는데 알고 계신가요?

비망: 저도 모르게 그냥 한숨이 나와요. 나는 왜 이 모양인가 싶고 한심하죠.

상담자: 비망님이 자신에게 만족하려면 어떤 모습이어야 할까 생각해 볼까요? 한숨이 나오지 않고 탄성이 나올 만한 그런 모습 말이에요.

비망: (침묵 10초) 없는 것 같아요. (침묵 1분) 어떤 모습이더라도 전 만족하지 못할 것 같아요. (눈물)

상담자: 지금 어떤 감정이 올라오시는 것 같은데, 무얼 발견하셨나요?

비망: 제가 불쌍해요. (소리 내어 울음) 아무도 나에게 강요하지 않았는데 아무 이유 없이 내가 나를 닦달하고 비난해 왔어요.

상담자: 그렇죠. 실제로 있지도 않은 허상을 만들어서 그 허상을 보배단지처럼 여기면서 실제의 자기를 무시해 왔지요. 지금 발견하신 것이 그것이죠?

비망: (크게 울음) 맞아요. 그랬어요. 정말 제 자신을 사랑하지 못했어요. (한참 울음)

상담자: 이제 진정이 되시나요? 창피하지 않아요? (웃음)

비망: (웃으며) 시원해요. 조금 창피하기도 하지만 오히려 후련해요.

상담자: 울다가 웃으면 어떻게 되는지 아시죠? (함께 웃음) 지금 비망님한테 아주 굉장한 일이 일어난 것인데 정리해 볼까요? 무슨 일이 벌어진 건가요?

비망: 사실 상담하러 올 때에도 그리 큰 기대는 하지 않았어요. 그동안 심리학책도 많이 찾아보았고 자기계발서나 유명한 책들은 거의 다 읽었거든요. 그 속에서 얻은 답들은 다 비슷했어요. 그렇지만 그건 나에게

그냥 이론일 뿐이었죠. 가슴으로 느껴지지 않았어요. 지금 생각해 보면 이미 내가 나를 낙인찍어 놓고 물이 스며들지 못하게 단단히 코팅을 해 놓은 상태라 좋은 말씀이나 생각이 내 마음에 들어올 수 없었던 거죠.

상담자: 비유가 참 절묘합니다. 시인이 되신 것 같아요. (가벼운 웃음)

비망: 아까 저한테 어떤 모습이어야 만족할 수 있냐고 질문하셨을 때, 갑자기 내가 그동안 찾았던 것들이 주마등처럼 지나가는 거예요. 그렇게 안달복달하면서 겉으로는 아닌 척하는 그 모습이 너무 안타깝고 불쌍했어요. 내가 내 밖으로 나와서 나를 지켜본 것이랄까. 한편으로는 애쓰고 있는 그 모습이 대견하기도 했어요. 그동안 이상적 자기와 진실한 자기에 대한 개념이 잘 와 닿지 않았는데, 오늘 확 다가오면서 실감 나게 느낀 거죠. 마음이 후련하고 환해진 느낌이에요.

상담자: 이런 경험이 흔히 있는 것이 아닌데 함께 할 수 있어서 감동입니다. 가만히 살펴보면 그동안 애쓰셨던 것과 지금 이렇게 가짜 자기라는 허상을 벗어나신 것이 무관하지 않다고 생각해요. 드디어 알을 깨고 밖으로 나왔는데, 알 속에서 단단한 껍질을 깨기 위해 얼마나 쪼아 대었겠어요.

비망: 그래요. 이젠 제가 저를 몰아붙이거나 비난하지 않을 수 있을 것 같아요.

상담자: 그럴 겁니다. 왜 아무 소득도 없이 그런 힘들고 괴롭기만 한 짓을 하겠어요? 축하드립니다.

비망: 고맙습니다.

Tip

상담을 하면서 내담자가 큰 통찰을 얻는 것을 함께하는 것보다 가슴 벅차게 기쁜 일은 없는 것 같다. 이 상담에서 내담자는 마지막 방황을 하고 있었다. 고기를 한 곳으로 몰아서 한꺼번에 잡는다고 할까. 자신이 못마땅하게 여겨왔던 것들을 짚어 보다가 드디어 허상의 껍질을 깨고 자신의 실제 모습을 보았다. 현실과 대충 타협하지 않고 자기의 진짜 마음에 충실하려고 애썼던 노력들이 열매를 맺은 순간이다.

그냥 이론적으로 이야기하기는 참 쉽다. 이상적 자기를 진짜로 여기고 현실 속의 진짜 자기를 비난하고 몰아붙이고 부정하는 것이 결국 자기를 소외시키는 결과를 낳는다는 사실을 말이다. 하지만 자기가 만든 허상을 분명히 알고 그 허상에서 벗어나 진실을 보는 일은 결코 아무렇지도 않은 일이 아니다. 천지가 개벽하는 일대 사건이다. 삶이, 세상이 완전히 달라 보인다.

내담자가 불만을 이야기하면서 힘들어하면 상담자는 위로하고 편들어 주는 방식으로 달래려고 하는 마음이 생기기 쉽다. 물론 상담의 어떤 단계에서는 이렇게 마음을 맞추어 주는 과정도 필요할 수 있다. 그렇지만 더 중요한 것은 내담자가 가진 마음이 어려움을 느끼는 것만은 아니라는 사실이다. 이런저런 고정관념과 선입견으로 현실과 부딪히고 힘들어하면서도, 진실을 바로 알고자 하는 마음을 품고 있기 때문에 상담자는 이러한 면에 초점을 맞출 줄 알아야 한다.

내담자가 표현하는 번뇌만 볼 것이 아니라 그 이면에 번뇌를 벗어나고자 하는 열망과 직관적인 능력에 초점을 두어야 한다. 힘든 이야기를 나누면서도 그냥 애써 위로를 하는 것이 아니라, 이야기 속으로 파고 들어가 번뇌의 정체를 밝히고 허상을 드러내어서 내담자가 자신의 참모습을 볼 수 있도록 애쓰는 것이 상담자가 대안을 찾는 과정에서 할 일이다.

1. 문제와 그 원인을 제대로 이해했는가

대안을 찾을 때 먼저 고려해야 할 점은 내담자가 문제와 문제의 원인을 얼마나 정확하게 이해했는가 하는 것이다. 분석을 하는 과정에서 내담자는 자기 시각에서 벗어나 더 넓고 깊은 성숙된 시각을 갖기도 하고, 새로운 통찰을 얻기도 하면서 정서나 행동 그리고 인지 측면에서 변화를 체험한다. 문제와 그 원인을 제대로 이해했다면 대안을 찾는 과정은 아주 자연스럽게 진행될 수 있다.

하지만 문제와 그 원인을 잘못 이해했다면 대안을 엉뚱하게 찾게 되고 그 결과 문제를 해결하지 못하고 만다. 현실적으로는 바로 한 방에 정확하게 분석하고 대안을 찾아 해결하는 일이 쉽지 않다. 몇 번의 시행착오를 거쳐 가면서 점점 더 진실에 접근해 가기 마련이다. 그래서 분석을 하고 대안을 찾을 때 '열린 마음'이 꼭 필요하다. 성급한 판단으로 엉뚱한 길을 찾는 일을 면하기 위해서도, 시행착오를 거치면서 점점 더 나은 선택을 하기 위해서도 개방적인 마음 자세는 필수다.

현상을 있는 그대로 보고 드러난 현상의 원인과 조건을 세밀하게 분석하고 최선의 대안을 찾아가는 작업은 단계를 밟아 가면서 순서

대로 진행되기보다는 거의 동시에 이루어지는 과정이다. 현상을 다 밝히고 분석을 다 끝내고 나서야 대안을 찾는 것이 아니라 보고 분석한 대로 일단 대안이라 생각되는 것을 실험적으로 적용해 보면서 그 결과에 따라 다시 보고 분석하고 대안을 찾는 식으로 진행된다는 말이다.

길을 찾을 때 이 길로도 가 보고 저 길로도 가 보고 하면서 차츰 정보를 늘려 가면서 찾아가는 것처럼 여러 가지 대안을 시험적으로 써 보면서 더 확실한 현상 파악과 분석 작업을 해 나가는 것이 현실적이다. 한 방에 최선의 대안을 찾아 문제를 해결하겠다는 생각은 일확천금의 꿈을 좇는 도박꾼의 태도와 비슷하다. 실수나 오류의 가능성을 늘 염두에 두고 과정과 결과의 연관 관계를 세심하게 살피면서 이런저런 실험을 해 보는 방식이 현명한 태도다.

아무리 세심하게 살폈다고 하더라도 문제와 연관된 모든 조건과 원인을 완전하게 분석해 낼 수는 없다. 진실에 접근하려 애쓸 뿐이지 진실을 확실하게 알았다고 장담할 수 없다는 말이다. 그래서 확신을 가지고 하는 직면이나 해석이라 하더라도 잠정적이고 가설적으로 제시되어야 한다. '이것이 확실한 대안이다.'라며 내담자를 설득시키는 것은 가짜 약을 파는 사기꾼 약장수와 다를 것이 없다.

문제와 문제의 원인을 제대로 파악했는지 늘 고려하면서 대안을 찾는 작업을 해야 한다. 단정적으로 확신을 하기보다는 가설을 세우고 검증해 보듯이 열린 태도로 접근하는 것이 현실적이고 합리적인 태도라 하겠다.

사례:

사랑할 수 있을까 (자존감)

20대 후반 여성. 직장인.
자기를 사랑하는 법을 모르겠다고 호소.
별칭: 사랑

사랑: 저는 저를 사랑할 줄 모르는 것 같아요. 어릴 때부터 막내로서 받기만
　　　해서 그런지 삼십을 바라보는 이 나이에도 혼자서 아무것도 못하는
　　　거예요. 심지어 이제 돌이 갓 지난 조카한테도 애정을 느끼지 못 하
　　　고 오히려 언니의 사랑과 관심을 빼앗겼다는 질투심을 느껴요. 어떻
　　　게 해야 제가 온전하게 저를 사랑할 수 있을까요? 의존성을 벗어나
　　　고 싶은데 어찌해야 하는지 모르겠어요.

상담자: 먼저 어떤 환경에서 어떻게 살아오셨는지 말씀해 보시겠어요?

사랑: 화목한 가정에서 두 딸 중 막내로 태어났어요. 언니하고 나이 차이가
　　　많아서 언니의 보살핌 속에서 컸어요. 어릴 때부터 분리 불안이 있었
　　　다고 해요. 어린이집에 가서 엄마가 계속 지켜 보아야 했대요. 학교
　　　다니면서는 혼자 다니긴 했지만 2학년 때까지 엄마가 학교에 같이
　　　따라가 주어야 했고, 친구들한테도 많이 의존했던 것 같아요. 몸이 조
　　　금 약해서 식구들이 관심을 온통 저한테 쏟았지요. 아직도 집에 있는
　　　게 제일 편해요.

상담자: 어린 시절에 대한 현재 느낌은 어때요?

사랑: 너무 나약하고 미성숙한 모습 같아요. 자기 혼자 힘으로 해내는 것이 거의 없었고 엄마나 언니가 거들어 주어야 했어요. 심지어는 친구를 사귈 때도 언니나 엄마한테 물어보고 결정했거든요. 지금 생각해 보면 참 한심해요.

상담자: 사랑님 자신이 미성숙하고 의존적이라고 생각한 것은 언제부터일까요?

사랑: 대학교 들어가서 다른 친구들과 제가 너무 다른 걸 알게 되었어요. 독립적으로 자기 일을 잘 해내는 친구들을 보면서 많이 부러웠고, 상대적으로 나 자신이 너무 초라한 거예요.

상담자: 독립성을 길러 보려는 생각은 해 보았나요?

사랑: 생각은 많이 했지만 막상 행동으로 옮기지는 못했던 것 같아요. 겁이 많아서 새로운 시도를 잘 못 해요. 자신이 불만스럽기는 했지만 그래도 날 사랑해 주는 가족들이 있어서 크게 심각하게 생각하지는 않았지요. 그러다가 직장에 다니게 되고 직장에서는 어느 정도 적응을 할 수 있었어요. 언니의 도움이 컸죠. 어려운 일이 있을 때마다 언니의 조언대로 해서 무난하게 일을 하고 동료들과 별 탈 없이 지낼 수 있었어요. 그래서 나도 이젠 한 사람의 성인이구나 싶었는데, 막상 언니가 시집을 갈 때 제가 형부를 질투하는 거예요. 설상가상으로 조카가 태어났는데 이제 조카한테 완전히 언니를 빼앗기겠다는 생각부터 들었어요. 저는 구제불능인가 봐요.

상담자: 언니를 빼앗겼다는 느낌을 언제 느꼈나요?

사랑: 언니가 결혼 전에 형부랑 인사하러 왔을 때 제가 형부의 흠을 잡고 비아냥거리는 거예요. 또 언니가 산후조리하느라 집에 있을 때 형부가 우리 집으로 오는 게 불편해서 제가 형부한테 '우리 집에서 나가라.'고 한 적이 있어요. 그때 언니가 심하게 화를 냈고 크게 서운해했어요. 지금은 언니가 용서해 주었지만 전 왜 이렇게 어린지 제 자신이 용서가 안 돼요. (울음)

상담자: 만약 사랑님이 어리기만 하다면 문제라 느끼지 못하고 상담을 청하지도 않았을 거예요. 이렇게 상담을 하러 찾아오신 것에서 전 희망을 봅니다.

사랑: 이제 나이도 먹을 만큼 먹었는데 제대로 된 연애도 못 하고 이모로서 조카를 사랑하기는커녕 질투나 하고 있는 제가 너무 한심해요. 제가 제대로 된 사랑을 할 수 있을까요?

상담자: 지금처럼 자기를 돌보지 못하면 사랑을 하기 어렵겠지요. 그렇지만 한 가지 생각만 바꾸면 어렵지 않게 제대로 된 사랑을 할 수 있게 될 거예요.

사랑: 어떤 생각을 바꾸어야 하나요?

상담자: 자신을 바라보는 시각을 바꾸어야 해요. 한심하다고 보면 안 됩니다.

사랑: 한심하잖아요. 그냥 긍정적으로 보라는 말씀이세요?

상담자: 먼저 이해를 해 보라는 말씀입니다. 한심하다고 손가락질한다고 해서 성숙해지는 건 아니거든요. 어떤 잣대를 들이대서 자기를 몰아붙이고 닦달해 봐야 아무런 이득이 없어요. 먼저 있는 그대로 이해해 보아야 합니다.

사랑: 저를 어떻게 이해해야 하는지 감이 잡히지 않아요. 저는 그냥 제가 한심한데요.

상담자: 자, 어릴 때부터 살펴봅시다. 몸이 약하고 신경이 예민했었다고 했죠? 확실히 믿을 수 있는 사람은 엄마였고요. 본능적으로 엄마한테 매달린 겁니다. 남들과 조금 다른 조건에서 남다르게 엄마한테 많이 매달린 것이죠. 그걸 사람들이 분리 불안이라 이름 붙인 것이고요.

사랑: 그렇지만 커서도 계속 의존적이었잖아요.

상담자: 의존할 만하니까 의존했지요. 가족들은 애틋한 마음에 각별한 애정을 쏟았고, 사랑님은 그 애정을 받으며 예민하고 불안한 마음이 아주 천천히 여물어 갔던 거예요. 그 근거로 들 수 있는 것이 학창 시절보다 훨씬 더 어려운 직장에서 적응해 낸 점이에요. 물론 언니의 도움

을 받았다고 하지만 직장 생활을 언니가 대신 해 준 것은 아니잖아요. 분명히 사랑님 자신이 해낸 겁니다. 그렇게 자기 마음은 여물었는데, 아직 어릴 때의 기억과 관점에서 벗어나지 못하고 자신을 계속 몰아붙이는 게 문제이지요.

사랑: 저도 제가 성인이 된 줄 알았지만 형부하고 조카한테 질투를 느끼잖아요. 이건 분명히 자격 미달이지요.

상담자: 형부나 조카한테 질투를 느끼는 게 잘못일까요? 나한테는 남다른 언니였는데, 그 언니를 빼앗아 간 사람들한테 호감을 가지라는 게 오히려 억지스럽지 않을까요?

사랑: 그건 유아적인 생각이잖아요.

상담자: 맞아요. 이미 마음은 컸지만 아직 크지 못했다고 보는 관점에서 벗어나지 못했기 때문에 유치한 마음도 내는 거예요. 유치한 마음을 가지는 걸 보고 '나는 아직 어리구나.' 하고 생각을 굳혀 버리는 식으로 앞뒤가 바뀐 생각을 하는 겁니다.

사랑: 앞뒤가 바뀐 생각이라는 게 뭔지 이해가 안 돼요. 설명해 주세요.

상담자: 유아적인 마음이 먼저 있고 어떤 상황에서 그 마음이 일어난 것이 아니라, 마음이 일어난 것을 보고 유아적인 사람이라 생각했다는 말입니다. 곰곰이 살펴보면 유아적인 마음만 가지고 있지 않아요. 조카를 사랑하려는 마음도 가지고 있고 형부를 든든하게 여기는 마음도 가지고 있잖아요. 아주 많은 마음을 가지고 있는데, 어떤 상황에서 일어난 한 가지 마음을 가지고 자기 마음이 전부 그렇다고 잘못 판단하는 것이지요. 지나치게 일반화해서 자기를 몰아붙인 겁니다.

사랑: 아! 그러니까 제가 일부의 모습을 가지고 전부가 그렇다고 생각했다는 말씀이시죠? 유아적인 면도 있고 성숙한 면도 있는데, 유아적인 면만 보고 내가 미성숙하고 문제가 많다는 식으로 말이에요.

상담자: 그래요 정확하게 이해했어요. 이제 자기 자신을 그만 몰아붙여도 되지 않을까요?

사랑: 그러고 보니까 제가 저한테 너무 가혹했던 것 같아요. 공은 언니나 엄마한테 돌리고 잘못은 나한테 돌리는 식으로 하면서 '그래서 나한테는 언니나 엄마가 필요해.' 하며 매달렸어요. 홀로서기가 두려웠나봐요.

상담자: 아주 좋은 통찰이에요. 자기를 존중할 줄 알아야 다른 사람을 배려할 줄도 알고 사랑할 수도 있어요. 나 스스로 나를 깎아내리면서 어떻게 사랑할 수 있겠어요.

사랑: 오랜 악몽에서 벗어난 것 같아요. 자신감도 생겨요. 고맙습니다.

사람들이 흔히 범하는 오류가 있다. 과잉일반화의 오류라는 것인데, 아주 고약한 녀석이다. 일부를 보고 그것을 전부라고 여기는 걸 말한다. 이 상담에서 내담자는 어렸을 때부터 가져온 생각에 맞추어 자신의 특정 부분만 보고 자기를 어리다고 단정했다. 약해야 도움을 받지 않는가! 스스로 약하고 무능하다고 여겨야 계속 도움과 지원을 받을 수 있을 거라는 막연한 생각으로 자신의 나약함과 무능함을 자기도 모르게 부각시키곤 한다.

상담자는 내담자의 의지가 약하지 않다고 근거를 들어가면서 설득한다. 자신을 무능하고 나약하다고 몰아가는 그 생각에 정면으로 도전해서, 내담자가 가지고 있던 막연한 불안감을 자각하도록 이끌었다. 내담자는 절실하게 문제를 해결하고 싶었기 때문에 상담자의 말에 귀를 기울이고 자신을 다시 살폈다. 그리고 통찰을 얻었다.

자존감이 약해진 사람을 상담 장면에서는 흔히 볼 수 있다. 자존감이란 자기 존재를 소중하게 여기는 마음이다. 건강한 자존감을 가진 사람은 어려움이 닥쳐도 꿋꿋하게 헤쳐 가면서 역경을 오히려 성장의 디딤돌로 삼을 줄 안다. 자존감이 약해진 사람들은 작은 어려움에도 당황하고 꺾이고 만다. 심한 정신 질환으로 고생하는 사람들은 거의 대부분 자존감이 무너진 사람들이다.

자성상담에서는 자존감을 핵심 개념으로 삼는다. 자존감을 키우면 문제를 해결하는 힘이 커진다. 비록 닥친 문제에 허덕이고 있다고 하더라도 자존감을 되찾으면 얼마든지 견뎌 내고 다시 일어설 수 있다. 자신을 지혜로운 눈으로 바라볼 때 진정한 자존감을 발견할 수 있다. 상담자는 자존감의 가치를 믿고 내담자가 자존감을 회복할 수 있게끔 최선을 다해야 한다.

2. 해결하고자 하는 의지와 자원은

　대안을 찾을 때 고려해야 할 두 번째 요인은 내담자의 해결 의지와 내담자가 쓸 수 있는 인적, 물적 자원이다. 어떤 일을 이루어 내려면 의지와 능력을 갖추어야 한다. 의지는 있는데 능력이 없거나, 능력은 있으나 의지가 없다면 일을 성취할 수 없다. 그래서 문제를 해결하기 위한 대안을 찾을 때 내담자의 의지와 내담자가 현실적으로 활용할 수 있는 자원을 감안하는 것이다.

　언뜻 생각하기로는 문제가 있어 상담을 청한 내담자가 당연히 문제를 해결하겠다는 의지가 있을 것이라 여기기 쉽다. 그렇지만 실제 상담에서는 그렇지 않은 경우가 많다. 상담을 하면서 내담자는 문제가 해결되기 전에도 상담 효과를 느끼곤 한다. 자신의 이야기를 속 시원히 털어놓음으로써 긴장이 줄고 스트레스가 많이 줄어든다. 또한 상담자의 관심 어린 경청과 수용 그리고 진정성 있는 공감을 통해서 자기 존재가 온전히 인정받는 체험을 함으로써 인정 욕구가 어느 정도 채워지고 한이 풀린다.

　이렇듯 사정이 좋아지면서 애초에 가지고 있는 절박함도 같이 약화되는 경우가 많다. 굳이 문제를 해결하지 않고도 충분히 살 수 있을 것 같은 느낌도 든다. 그래서 문제 해결 의지가 오히려 약해지고 만다. 애초에 정했던 상담 목표를 온전히 이루고 나서 상담을 마치는 것이 아니라 상담 과정에서 얻게 된 부수적인 진정과 위안 효과에 만족하면서 상담을 마치는 경우가 많은 것도 이런 이유다.

어찌 보면 상담 목표가 달성되지 않았더라도 내담자가 만족하면서 그만두는 것이 자연스러운 일일지 모른다. 하지만 이는 일시적인 효과이기 때문에 내담자는 상담 이전으로 돌아갈 가능성이 크다. 비유를 들어 이야기하자면, 흙탕물을 가만히 놓아두어서 흙이 가라앉아 물이 맑아진 상태에서 물과 흙을 분리하지 않고 그냥 두면 맑은 물은 언제나 다시 흙탕물이 될 수 있는 것과 같다.

다이어트를 한 사람이 다시 이전 습성대로 돌아가면 곧 요요가 와서 애써 뺀 살이 금방 다시 붙어 버리곤 한다. 마찬가지로 문제를 제대로 해결하지 않고 상담을 마치면 내담자는 곧 이전 생활로 돌아가서 상담 이전의 불편함을 다시 마주할 확률이 높다. 그래서 상담으로 좋아진 듯한 느낌 때문에 문제 해결 의지가 약해지는 것을 조심해야 한다.

특히 내담자가 상담자를 신뢰하고 상담에서 위안을 받음으로써 문제를 해결하고 싶은 절실함이 줄어드는 경우에 상담자는 반드시 이 현상을 직면시켜야 한다. 그래서 내담자가 다시 애초에 가졌던 절실함을 가지고 문제를 해결하는 노력을 지속할 수 있게끔 이끈다. 왜 문제를 해결하지 않으면 안 되는지 내담자의 경각심을 일깨워서 내담자의 의지를 북돋운다.

다음으로 고려해야 하는 것이 실제로 문제를 해결할 수 있는 능력과 자원이다. 내담자의 생활환경 속에서 문제를 해결하는 데 도움이 될 만한 요소가 어떤 것들이 있는지 찾아서 활용할 계획을 세운다. 내담자의 가족 관계나 대인 관계에서 내담자에게 힘이 될 만한 사람을 찾아서 어떤 식으로 도움을 받을지 검토한다. 또한 내담자가 이미 가지고 있는 능력이나 활용할 수 있는 물적 자원도 찾아 활용 방안을 강구한다.

내담자의 내면 심리가 중심이 되어서 안팎의 자원을 활용한다면 문제를 해결하는 대안은 그만큼 풍부하고 쉬워질 것이다. 사물에는 양면이 있기 때문에 방해만 되거나 도움만 되는 대상은 없다. 대상의 양면 가운데 도움이 될 만한 측면을 발견해서 활용하는 것이 현명한 방법이다. 창의적인 사고로 고정관념과 선입견을 넘어서는 연습을 해 두는 것이 최선의 대안을 발견하는 데 쓸모가 많다.

이렇게 문제를 해결하고자 하는 내담자의 의지와 문제 해결에 쓸 수 있는 능력과 자원들을 검토해서 잘 통합해 내면 최선의 대안을 찾기 어렵지 않다. 이 작업은 새로운 길을 발견하거나 새로운 물건을 발명해 내는 과정과 비슷하다. 대안을 설계하는 것만으로도 희망을 가질 수 있다. 의욕이 생기고 설레면서 힘이 난다. 하지만 구체적인 실천이 뒤따르지 않으면 이 또한 신기루처럼 사라지고 만다.

사례:

불쑥불쑥 일어나는 화 (분노)

40대 초반 남성. 일용직.
세상과 사람들에 대한 불신 호소.
별칭: 희망

희망: 제가 11살 때부터 사회생활을 시작했는데 적응을 잘 못 하고 금방 그
　　　만두고 하다가 16살 때 정신과를 갔습니다. 텔레비전에서 보니까 정
　　　신과에 가면 정신이 바뀌어서 적응도 잘한다고 해서 찾아갔지요. 주
　　　는 약을 먹으니까 마음은 진정되는데 크게 달라지지는 않았어요. 사
　　　람들하고도 잘 지내지 못 하고 어느 날 일이 싫어지면 그냥 안 나가
　　　버리고 그런 식으로 살았죠. 정신과에 가서는 불평만 늘어놓고 진짜
　　　속마음은 보이지 않은 것 같아요.

상담자: 어째서 한창 학교 다닐 나이에 사회생활을 하게 되었지요?

희망: 어릴 때 엄마가 아버지의 폭력을 견디지 못하고 집을 나가 버려서 아
　　　버지가 재혼을 했어요. 8살까지는 할머니하고 살았는데 할머니가 더
　　　는 저를 기를 수 없게 되어서 아빠한테 보냈어요. 그런데 할머니하고
　　　아빠가 새엄마한테는 제가 아빠의 동생이라고 속여서 결혼을 한 거
　　　예요. 할머니가 저를 보내면서 '너 하나만 잘 하면 집이 평온하다.' 하
　　　셨지요. 아무튼 새엄마는 저를 미워했고, 새엄마의 동생이 자기 잘못
　　　을 저한테 뒤집어씌우는데 제가 사실을 말하니까 많은 사람들 앞에

서 '쟤는 거짓말을 하는 얘다.' 한 거예요. 그때부터 저는 사람들의 손
가락질을 받았고 사람들을 믿지 못하게 되었어요.

상담자: 그 어릴 때 그런 일을 당했는데, 의지할 만한 사람이 있었나요?

희망: 저요.(웃음) 저밖에는 아무도 없었죠. (웃음)

상담자: 무슨 힘이 있다고, 그 어린 것이 무슨 힘이 있다고 자기를 의지
해요?

희망: 정말 무서웠던 것은 강원도에서 혼자 있을 때였어요. 아빠와 함께 단
둘이 강원도에 가서 지낼 일이 있었는데, 아빠는 집으로 가고 저 혼
자 추운 겨울에 허름한 빈집에서 있어야 했어요. 혼자 지내는 한 달
동안 정말 무서웠어요. 11살 때부터 돈을 벌기 시작했지요.

상담자: 무슨 일을 했나요?

희망: 그냥 닥치는 대로 했어요. 제 학력이 초등학교 중퇴입니다. 그런데 저
하고 처지가 비슷한 아이들이 몇 명 있었어요. 그래서 그냥 그런가
보다 하고 일을 했어요.

상담자: 아빠가 원망스럽지 않았나요?

희망: 아빠도 불쌍한 사람이에요. 얼마 전에 할아버지 돌아가셨을 때 구석
에서 아주 서럽게 우시더라고요. 나만 그런 게 아니니까 별 불만 없
이 일을 했는데 사람들이 어려웠어요. 싫증도 잘 내고 싸움도 많이
했죠. 일을 조금 하다가 그만두기를 반복하다 보니까 그 업계에서는
'쟤는 아무렇게나 부려 먹어도 되는 애.'로 통했죠. 그래서 제대로 대
우를 받은 적이 없어요. 제가 술을 마시면 다른 사람들한테 술을 달
라고 붙는 버릇이 있는데 서른쯤 되었을 때 스무 살을 갓 넘긴 아이
한테 두들겨 맞았어요. 아내한테 그 얘기를 하면서 나를 버리고 좋은
남자 만나라고 했어요. 사실 마음은 떠날까 봐 겁났는데 선수를 친
거죠. 술 끊는 모임에도 나갔는데 제가 갈 곳이 아니다 싶었어요.

상담자: 왜죠?

희망: 모인 사람들이 의지가 너무 약한 거예요. 쓰레기들 같았어요.

상담자: 희망님 자신은요?

희망: 지금 생각해 보면 저도 쓰레기처럼 살았지만, 당시에는 마음을 열지 못했어요. 그런데 그런 창피를 당하고 마음을 단단히 먹었죠. 반강제로 술 끊는 모임에 나가고 팟캐스트 방송도 듣고 하면서 느낀 바가 있어서 술을 안 마신 지 지금까지 7년이 되었네요. 요즘 들어서 가장 행복한 시간을 보내고 있습니다. 경제적으로도 마음으로도 여유가 생기고 살맛이 나요.

상담자: 술 안 마시고 착실히 일을 하니까 돈이 모일 것이고, 의지대로 하려고 애를 쓰면서 마음도 건강해진 덕분이겠죠. 그런데 행복하면서도 상담하러 오신 것을 보면 무언가 걱정되는 것이 있나 보지요?

희망: 제가 아무리 노력해도 사람을 믿을 수가 없어요. 원망하거나 복수하려는 마음을 갖지 않으려 하는데도 이상하게 사람들하고 가까운 느낌을 갖지 못해요. 사실 검정고시를 해서 고졸 학력을 갖추고 이제 대학을 가려고 알아보고 있거든요.

상담자: 아까 아버지 이야기를 하시면서 불쌍한 사람이라고 하셨는데, 아버지가 불쌍해 보인다고 해서 아버지를 미워하고 원망한 마음이 사라지는 것은 아니에요. 억지로 용서하려 하기보다는 오히려 '그래. 나는 아버지가 이렇게 했던 것이 밉다. 화가 난다.' 하고 솔직히 인정하는 것이 훨씬 좋아요. '좋은 게 좋은 거지.' 하는 식으로는 마음속 응어리가 풀리기는커녕 오히려 더 단단해집니다. 희망님이 씁쓸하게 웃으시는 것도 화를 그냥 두고 덮으려는 데서 나오는 행동이라 자연스럽지 않아요.

희망: 사실 사람은 누구나 다 이기적이고 남을 밟으려 한다고 생각해요. 제가 그렇게 당하면서 살았고요. 그래도 저는 남을 괴롭히지는 않으려고 했습니다.

상담자: 그래요. 그런 선량한 마음이 희망님의 귀한 보물입니다. 아마 아내 분도 남편의 선량함이 얼마나 귀한 보물인지 알기에 함께 사시는 것

같아요. 하지만 선량함이 제대로 빛을 내려면 힘이 있어야 합니다. 아픔이나 고통이나 분노를 인정하고 받아들이면서 자신의 의지를 지켜낼 때 그 힘이 길러지지요. 그런 면으로 보면 희망님은 이미 마음의 힘이 충분히 강합니다. 굳이 마음속에 있는 분노를 덮을 필요가 없어요. 덮어 두고 외면하면 시시때때로 화가 불쑥불쑥 올라오거든요. 아예 인정해 버리고 다스리는 것이 바른 방법입니다.

희망: 분노를 그대로 인정하라는 말씀이 새롭게 다가와요. 훨씬 마음이 편해집니다.

상담자: 그리고 사람마다 다 나름의 사정이 있어서 그렇지 사람들의 속마음으로 들어가 보면 거의 대부분 상처도 있고 분노도 있고 좋은 의지도 가지고 있어요. 희망님은 자신이 가진 분노 때문에 사람들이 가진 여러 마음 중에 이기적이고 남을 밟으려는 마음만 느낀 거죠. 나 스스로 나한테 있는 모든 마음을 인정하고 받아들이면 여유가 생기면서 다른 사람들의 좋은 마음들도 느껴질 겁니다. 그것이 앞으로 희망님이 노력할 방향이에요.

희망: 그러고 보니 저한테 좋은 말씀을 해 주신 좋은 분들도 많았네요. 다만, 제가 마음을 충분히 열지 못해서 가까워지지 못했던 것 같아요. 앞으로는 달라질 것 같습니다.

Tip

이 상담은 감동이 크게 느껴진 사례다. 내담자가 겪은 억울한 일은 흔히 볼 수 있는 것이 아니었기에 내담자의 이야기를 들으면서 몸에 긴장이 되고 화가 나기도 하면서 힘이 들었다. 그렇지만 내담자가 어릴 때부터 자기도 모르게 품고 있던 분노가 얼마나 큰지 이해할 수 있었기에 일견 성실해 보이지 않고 막 되어 먹은듯한 행동들의 원인을 쉽게 찾을 수 있었다. 그런데 더 중요한 것은 내담자가 그렇게 고통스럽게 방황하면서도 희망을 잃지 않고 버텨 내면서 분노를 이겨온 의지였다.

마음속에 원망이나 미움을 가지고 있으면 어떤 일도 오랫동안 지속하기 어렵다. 쉽게 싫증을 내고 극단적인 자극을 찾으며 변덕이 심한 행동은 깊이 뿌리박힌 분노 때문에 벌어지는 일이다. 이 상담에서 내담자는 자신의 분노 때문에 일어나는 마음들을 영문도 모른 채 싫어하면서 방황을 했다. 불쑥불쑥 올라오는 화의 정체를 알지 못하고 자기 성격이 이상한 줄만 알아서 정신과를 찾았다. 아무도 이런 진실을 알지 못했고 내담자의 방황과 괴로움은 계속되었다.

이런 어둠 속에서도 내담자를 잡아 준 사람이 있으니 바로 그의 부인이었다. 내담자의 양심과 의지를 지키고 키운 것은 부인을 향한 그의 마음이었다. 물론 부인이 분노까지 다스려 주고 모든 면에서 밝아지게 할 만한 힘을 가진 것은 아니었다. 그렇기에 부인을 고생시키면서 살았던 것이다.

이 상담은 내담자가 겪은 일들의 진실을 밝힘으로써 내담자에게 남은 문제에 해결 방향을 제시했다는 점에서 가치가 있다고 하겠다. 내담자가 바로 이해하고 수용하면서 마음속에 있던 찌꺼기 같은 어둠이 사라지고 새로운 삶을 향해 활기차게 나아갈 힘을 얻을 수 있었다. 분노를 바로 보고 피하거나 억누르지 않을 때 이렇게 기적 같은 전환점이 생긴다.

3. 구체적인 실천방안은

　문제와 그 원인을 정확하게 파악하고 문제를 해결하고자 하는 내담자의 의지와 능력 그리고 가용한 자원을 확인해서 최선의 대안을 찾았으면, 이제 구체적으로 무엇을 어떻게 할지 계획을 세워 실행해야 한다. 실제로 문제를 해결하려면 행동 변화가 있어야 한다. 생각만 하거나 느낌만 가진다고 해서 문제가 해결되지는 않는다.

　대안을 찾아서 실행을 하려면 계획을 구체적으로 세울 줄 알아야 한다. 상담 과정에서 내담자한테 과제를 제시하고 실천하도록 독려하면서 함께 점검하는 방식으로 실천 계획을 더 현실적이고 온전하게 만들어 간다. 처음부터 완벽한 계획을 세워서 문제를 해결하려고 하는 것보다는 시행착오를 겪어 가면서 계획을 완성해 가는 것이 현실적이다.

　공부를 할 때 한 문제도 틀리지 않겠다는 목표를 세우면 목표를 이룰 확률은 극히 희박하다. 완벽주의일수록 좌절을 경험하게 되기 쉽다. 실현 가능한 목표를 세우고 현실적으로 접근해야 실제로 목표를 이룰 확률이 커진다. 실패를 하면서도 계속 이상적인 목표에 매달리면 좌절의 늪에 점점 더 빨려 들어갈 뿐이다.

실천 과제를 내담자가 제대로 해내지 못할 때 상담자가 어떻게 대처하느냐가 중요하다. 그냥 허용하거나 계속 일방적으로 몰아붙이는 극단적인 방법으로는 목표를 이루기 어렵다. 변명을 허용하지 않되, 실천하지 못한 상황을 분석해서 그에 맞는 대책을 또 세우는 방식으로 접근하면 된다. 유연하면서도 확고한 의지로 격려하고 직면시키면서 시행착오를 겪어 가다 보면 점점 목표 달성에 근접할 수 있다.

이런 점들을 고려할 때, 대안을 제시할 때에는 단정적으로 하지 않는 것이 좋다. 대안을 적용해서 실천할 때 진지하게 정성을 들이는 성실한 태도를 가져야 하지만 언제든지 더 좋은 대안이 발견되면 유연하게 대처할 여지를 남겨 두고 시험적으로 시행해 보는 것이 현명하다. 고지식하고 경직된 태도로는 수많은 변수에 제대로 대응하기 어렵다.

아무리 좋은 대안을 찾았더라도 매사가 계획대로 되기는 어려운 법이다. 시행 과정에서 돌발 변수가 생길 수도 있기 때문에 대안을 너무 확고하게 단정적으로 정하지 않는 것이 현실적이다. 계획한 대안대로 실천해 보면서 더 나은 길을 꾸준히 찾아가는 가운데 문제를 해결하는 최선의 대안이 찾아질 것이다.

사례:

두려움을 떨치고 싶어요 (역설적 의도)

20대 중반 남성. 제대 후 복학한 대학생.

불안과 무기력 호소.

별칭: 새벽

새벽: 다음 주에 동창회가 있어요. 남녀 공학이라 여학생들도 많은데, 이번에 동창회에 나가 보려고 해요. 동창회에 나가면 자기소개도 해야 할텐데 제가 많은 사람 앞에 서면 얼굴이 빨개지고 말도 더듬고 심하게 긴장하거든요. 특히 여자 앞에서는 거의 말을 못 해요.

상담자: 왜 그렇게 긴장을 할까요?

새벽: 제가 살아오면서 인연 있었던 여자들은 다 문제가 있었어요. 친엄마는 성적으로 너무 개방적이어서 시집에서 쫓겨났고, 할머니는 며느리를 둘이나 쫓아낼 정도로 굉장히 지배적인 분이셨고, 새엄마는 자기가 낳은 아이한테만 신경을 썼지 저한테는 눈길 한 번 주지 않았어요. 중 3 때 제 글쓰기 능력을 인정해 주었던 선생님은 어느 날 갑자기 전근을 가 버리셨고 전 그 후에 오랫동안 방황을 했어요.

상담자: 선생님이 전근을 가셨는데 왜 새벽님이 방황을 했죠?

새벽: 제가 선생님을 좋아해서 결혼하자고 했거든요. 그것 때문인지는 몰라도 선생님이 저를 피하시다가 전근을 가신 거예요. 태어나서 처음으로 저한테 관심을 가지고 잘해 주신 분인데 제가 너무 서툴고 아무것

도 몰랐죠. 대학에 와서도 미팅 같은 것도 못 해 봤어요. 여학생들을 똑바로 쳐다보지도 못하는데 미팅이나 소개팅은 언감생심 꿈도 꾸지 못했죠.

상담자: 스스로 생각하기에 애정 결핍이 있는 것 같아요?

새벽: 예. 아버지는 학력 차별이 심하신 분이에요. 배다른 제 동생은 공부를 아주 잘해요. 저는 중학교 때까지는 성적이 좋았지만 고등학교 때 워낙 공부를 안 해서 지방대를 오게 되었죠. 저는 집에서 있는 듯 없는 듯 지내고 있어요. 중학교 때 선생님한테 마음이 갔던 것도 애정 결핍 때문이 아닌가 싶어요.

상담자: 누구의 관심을 받고 싶었어요?

새벽: 제가 누군가의 관심을 받고 싶어 하는 줄도 아예 모르고 살았는데, 사람들과 잘 지내지 못하고 두려워하는 이유가 무엇인지 생각하다가 심리학 관련 책을 읽으면서 애정 결핍이란 걸 알게 되었어요. 아버지가 싫고 무서우면서도 아버지의 관심과 인정을 받고 싶었던 것 같아요.

상담자: 앞으로 새벽 님의 인생을 어떤 모습으로 살고 싶어요? 아버지처럼 살고 싶나요?

새벽: 그건 절대 아니에요. 저는 능력 있는 사람보다는 따뜻한 사람으로 살고 싶어요. 남들 위에 군림하고 지배하는 사람이 아니라 따뜻한 마음으로 안아 주고 격려해 줄 줄 아는 사람으로 살고 싶어요.

상담자: 그렇다면 잘 생각해 보세요. 동창회에서 아주 멋진 모습을 보여서 인기를 끄는 쪽으로 목표를 잡을 것인지, 다른 사람들을 즐겁게 해 주는 쪽으로 목표를 잡을 것인지.

새벽: 둘 중 하나를 고르라면 후자를 고르고 싶어요.

상담자: 예를 들어서 생각해 봅시다. 여러 사람이 모여서 돌아가며 노래를 부를 때, 노래를 잘하는 사람도 있고 못 하는 사람도 있잖아요. 내가 부르기 전에 잘하는 사람이 부르면 어때요?

새벽: 긴장되죠.

상담자: 그렇죠. 사람들이 노래를 잘하는 사람을 좋아할까요, 재미있게 부르는 사람을 좋아할까요?

새벽: 재미있게 부르는 게 좋지요. 듣는 사람도 마음이 편하고.

상담자: 능력이 있는 사람과 재미있는 사람 가운데 누구하고 지내고 싶어요?

새벽: 재미있는 사람이죠. 능력 있는 사람은 왠지 부담스럽기도 해요.

상담자: 그렇다면 동창회 자리에서 청산유수로 소개를 잘하는 사람과 부끄러워하면서 말도 더듬고 표현이 서툰 사람 중에 누구한테 호감이 갈까요?

새벽: 부담이 덜하고 편한 쪽은 어눌하더라도 솔직한 모습을 보이는 사람일 것 같아요.

상담자: 그래요. 그 역할을 새벽님이 해 보면 어떨까요? 자기소개를 하는 것을 보고 사람들이 '야, 저렇게 말을 못 하나? 초등학생도 저보다는 낫겠다.' 하고 생각할 정도로 해서 다른 사람들이 자기소개에 더 자신을 가질 수 있게끔 바닥을 깔아 주는 거죠.

새벽: 잘난 척하는 것보다는 그게 훨씬 인간적이고 좋을 것 같아요.

상담자: 그럼 잘하려고 하지 말고 거꾸로 최대한 말도 더듬고 바보처럼 자기소개를 해 보는 거예요. 바닥을 깔아 준다고 생각하고 말이죠.

새벽: 그렇게 생각하니까 동창회 나가는 게 하나도 부담스럽지 않아요. 내가 소개하는 걸 보고 사람들이 킥킥거리며 웃거나 손가락질을 하더라도 괜찮을 것 같아요. 겁날 게 없겠어요.

상담자: 그렇죠. 잘하려고 하면 긴장도 많이 되고 겁도 나지만, 오히려 반대로 하려고 하면 겁날 게 없어져요. 실제로는 긴장을 안 하고 자연스럽게 할 수 있게 되지요.

새벽: 내가 한 번 제대로 망가져서 다른 사람들한테 자신감을 줄 수 있다고 생각하니까 동창회가 기대되는데요. 불안하거나 겁나지가 않아요. 한 번 해 봐야겠어요.

　내담자는 동창회에 가서 마음먹은 대로 하려고 했다. 그런데 신기하게도 말이 청산유수로 나오면서 사람들의 뜨거운 환영을 받았다. 긴장이 풀려서 편해진 마음이라 원래 가지고 있었으나 잠재되어 있던 표현력이 발휘된 것이다. 진솔하면서도 막힘없는 자기소개에 다른 사람들이 호감을 느낀 것은 당연한 일이다. 이렇듯 역설적인 의도를 가질 때 기적 같은 일이 일어나기도 한다.

　역설적 의도란 보통의 생각과 정반대로 가지는 마음을 말한다. 잘하려고 하면 긴장이 되고 떨리는데, 일부러 망치려고 하면 긴장이 되지 않아 오히려 능률이 나곤 한다. 이때 망치려고 하는 것이 역설적 의도다. 야구 선수가 홈런을 치겠다고 마음을 먹으면 지나치게 힘이 들어가 긴장되어서 삼진을 당하기 쉽지만, 그냥 공을 끝까지 보고 가볍게 맞추겠다고 마음을 먹으면 오히려 좋은 안타나 홈런이 나오곤 한다.

　인생을 살다 보면 일이 내 의지대로 되지 않는 경우가 많다. 잘하려고 하면 할수록 점점 어려워지기 십상이다. 반대로 마음을 비우고 하면 오히려 실력이 발휘되곤 한다. 지금 보고 생각하는 관점과 다른 방향에서 보고 생각하면 치우친 생각에서 벗어나 최선의 길을 발견하기 쉬워진다. 긴장이 심하거나 불안하고 겁나는 일이 있을 때 역설적 의도를 가져 보는 것이 큰 도움이 되는 경우가 많다.

맺음말

50대 중반이 되어서 느끼는 세월의 흐름은 10대의 느낌과 사뭇 다르다. 어릴 때는 20대의 내가 어떤 모습일지 상상하기 어려웠는데, 20대가 지나간 지도 벌써 20여 년이 훌쩍 지나버렸다. 나에겐 오지 않을 것 같았던 3~40대도 어느덧 지난 과거가 되었고 내 머리는 희끗희끗하다. 세월이 흐르는 물과 같다는 말이 정말 실감되는 요즘이다.

내가 이 세상에 와서 어떻게 살다가 무엇을 남기고 갈 것인지 생각해 본다. 한 시인은 "이 세상에 소풍을 와서 잘 놀다 간다."고 했다는데, 과연 나는 이 세상을 떠나면서 무슨 말을 남길까? 영화의 한 장면처럼 "I'll be back."이라 말하면서 또 다른 삶을 살려고 할지, 아니면 "이제 나는 영원히 간다. 모두 안녕!" 하면서 아무런 미련 없이 떠날지, 그도 아니라면 미처 하지 못한 일을 아쉬워하며 뒤늦은 후회를 할지 모른다.

아무튼, 지난 세월을 돌아보며 앞으로 다가올 날들을 생각해 보는 일은 현재 내가 살아있음으로 가능한 일이다. 그렇다면 과연 나는 지금 이 순간을 얼마나 제대로 누리고 있을까? 지금 이 순간을 잘 살고 있다면 지난날은 아름다울 것이고 앞날 또한 즐거울 것이다. 지금 이 자리에서 숨을 고르며 내 심장에 물어보면, "그래! 여기까지 잘 왔어. 지금도 잘하고 있고 앞으로도 잘할 거야~" 하는 소리가 들리는 듯하다.

'다시는 속(이)지 않으리라!' 하고 다짐했던 스무 살 청년의 결심이 만들어 낸 삶의 모습은 나름 파란만장했다. 녹록지 않은 현실과 부딪히며 내면의 욕망과 고뇌를 넘어서기 위해서 안간힘을 썼고, 상담이라는 길을 발견하고 기뻐하며 나 자신을 쏟아부었다. 그렇게 고뇌하고 방황하고 치열하게 구하면서 발견한 것이 바로 '자성상담'이다.

자성상담에는 진리를 구하는 한 상담자의 삶이 들어있다. 인간이 겪을 수 있는 온갖 감정과 생각들을 정말 온전하게 이해하고 수용하고 감싸 안으려는 치열한 몸짓이 녹아 있다. 수많은 성인의 위대한 가르침을 지침으로 하고, 일반 민중의 진솔한 삶의 경험들을 재료로 삼아서 그 치열한 몸짓은 비로소 길을 찾았다.

상담은 현재 인류가 안고 있는 문제를 극복해 가는 데 아주 쓸모가 많은 도구가 될 수 있다. 이런저런 이유를 핑계 삼아 벌어지고 있는 수많은 차별과 갈등을 해결하는 데 상담이 필요하다. 그래서 상담은 어떤 집단의 이해관계가 아닌 보편진리에 기반을 두어야 한다. 어떤 시대 어떤 사회에 살더라도 한 사람 한 사람의 삶은 다 존중받아야 마땅하다. 각자의 삶은 스스로에게 가장 중요하다. 그래서 자기성찰은 누구에게나 필요한 보편적인 활동이다.

내가 발견한 자성상담은 내 것이 아니다. 자기 존재를 자각하고 삶을 진실하게 살고자 하는 모두의 것이다. 이 책을 세상에 내어놓으면서 나는 이 책을 읽는 사람들이 '인생의 답이 자신한테 있음'을 발견하기 바란다. 이 책에는 그것을 발견하는 방법이 담겨 있다.

50여 년을 살면서 만난 모든 인연에게 이 책을 바친다.

2016년 여름에

저자 소개

방기연(Bang Kiyeon)

1962년 서울 출생. 서울대학교 심리학과를 졸업하고 동 대학원에서 상담심리학으로 석사학위를 받은 뒤 곧바로 목동청소년회관 상담원, 포항공과대학교 전임상담원, 한국인성개발연구원 상무이사 겸 상담실장, 맑은샘 심리상담연구소 상담실장, 그래 심리상담연구소장을 역임하는 한편, 정토회에서 깨달음의 장과 나눔의 장을 진행했고, 능인선원에서 수련을 지도했다. 현재 마인드코칭연구소장으로 상담과 교육활동을 하고 있다. 서울디지털대학교에서 교양강좌 '내 마음찾기'를 강의하고, 경기중소기업종합지원센터 신입사원교육과정에서 의사소통개발교육을 맡고 있으며, 팟캐스트 심리상담방송 '참나원'을 진행 중이다.

저서로는 『마음을 열면 사랑이 전해진다』(웅진출판사, 1994), 『심성수련: 지도지침과 프로그램』(공저, 한국인성개발연구원, 1998), 『불교상담』(조계종출판사, 2000), 『어머니가 하는 상담』(정토출판사, 2000), 『마음이 답이다』(지혜미디어, 2007), 『마인드 코칭: 자신을 바꾸는 20가지 방법』(공저, 하늘눈출판사, 2008), 『마음이 이끄는 삶의 조화: 마음을 알고 다스리고 나눠쓰기』(하늘눈출판사, 2013)가 있다.

셀프스캔 심리상담
자성상담
Self Scan Counseling

2016년 8월 20일 1판 1쇄 인쇄
2016년 8월 30일 1판 1쇄 발행

지은이 • 방기연
펴낸이 • 김진환
펴낸곳 • (주) **학 지사**
　　　　　04031 서울특별시 마포구 양화로 15길 20 마인드월드빌딩
대표전화 • 02)330-5114　　　팩스 • 02)324-2345
등록번호 • 제313-2006-000265호

홈페이지 • http://www.hakjisa.co.kr
페이스북 • https://www.facebook.com/hakjisabook

ISBN 978-89-997-0982-1 93180

정가 13,000원

이 도서의 국립중앙도서관 출판시도서목록(CIP)은 서지정보유통지
원시스템 홈페이지(http://seoji.nl.go.kr)와 국가자료공동목록시스템
(http://www.nl.go.kr/kolisnet)에서 이용하실 수 있습니다.
(CIP제어번호: 2016015090)

교육문화출판미디어그룹 학 지사
심리검사연구소 **인싸이트** www.inpsyt.co.kr
원격교육연수원 **카운피아** www.counpia.com
학술논문서비스 **뉴논문** www.newnonmun.com